せんべろ探偵が行く

中島らも
小堀　純

集英社文庫

せんべろ探偵が行く

目次

せんべろ探偵が行く

せんべろ前夜

大村アトム

二週間に一度、火曜日にらもさんと飲むのが習慣になっていた。

場所は大阪環状線の京橋駅付近である。

そのころ読売テレビの「最後の晩餐《ばんさん》」というバラエティ番組にらもさんはレギュラー出演していた。収録が隔週の火曜日であったことからこういう習慣が生まれたのだ。

番組では笑福亭鶴瓶《しょうふくていつるべ》さん、キダ・タローさん、浜村淳さんたちと丁丁発止《ちょうちょうはっし》のやりとりをするのだから、らもさんの神経が疲れないわけがない。

担当マネージャーであった僕は、本番の収録中はロビーでモニター画面を見ているだけだ。だが、これもまたなかなかに大変な時間だった。

なにしろらもさんは興味のない話題になればテレビなのに一言も喋《しゃべ》らない。収録中にいびき付きの居眠りをしたこともある。人間すごろくというゲームの企画の回には、らもさん、とうとうゲームの趣旨を理解しないまま収録が終わってしまったこともあった。

番組のプロデューサーや、他のタレントさんのマネージャーと一緒にモニターを見ている僕の神経も疲れないわけがない（もっとも、らもさんはあのボーッとしたところが値打ちなんです、となぐさめの言葉は毎回いただいたが）。

そこで神経をほぐすためにも「水っぽい食事」が必要になってくる。

第一回目の収録の後は二人で焼鳥屋に入った。しかしこの店はまるでハズレ。オシャレ過ぎたのだ。カップルだとか女性だけの客とか、朝挽《あさび》きの地鶏だとか秘伝のタレだとか、そういうのではリラックスできない二人なのだ。

このときの反省が次回以降に生きた。もう少しキレイでない店を探すべきだ。僕は密かに下見を重ねた。

二回目の収録後、らもさんに、

「今日はちょっと歩いていただきます」

と断わった。局を出て京橋駅へ。百二十円の入場券を買って反対側の改札口へと抜ける。そこからさらに路地を入ったところに僕ら好みの店が三軒ある。

店の様子は本編（その三）の京橋篇に詳しいが、酒を飲むのはやはりこういうところでないと。右を見てもおっさん、左を見てもおっさん。おっさんだけがひしめきあっている。しかも全員立ったままだ。イスがないのだ、立ち飲みである。

カウンターに軽く体重を預け、混んできたら店の奥へと押し流されながらも、このときは二時間ほども飲んだろう。番組が最終回を迎えるまで二年間、他の店に浮気をしなかったのだから、らもさんもよほど気に入ったのだろう。

思えばこれが「せんべろ探偵」の萌芽であった。「せんべろ」とは千円でべろべろになるほど飲める店という意味である。

安くて、気取らない、それでいてちょっと気の利いたものをつまめる。そういう店を探して全国を歩きルポルタージュをするっていうのはどうでしょう。次の日、事務所でそう提案すると、らもさんは、

「うーん」

と乗り気なのかそうでないのかよくわからない返事をした。

「らもさん、取材ですから夕方から飲むわけです。店が混んでからだと話聞けませんからね。開店と同時くらいに飛び込んで、ビールを飲むわけです。人様がまだ働いてるうちに飲むビール、好きでしょう。そうや、二人だけだと淋《さび》しいんで小堀さんも巻き込みましょう」

「楽しそうやねんけどな、うーん」

煮え切らないらもさんを放っておいて、小堀さんに連絡をとると二つ返事のオーケーである。

小堀さんは、らもさんとは古いお付き合いのフリーの編集者である。かつては情報誌

の編集長をしていて、その記憶力たるや凄《すさ》まじいものがある。安い飲み屋の情報を無尽蔵にインプットしたデータバンクのような人なのだ。この手の取材にこれほど頼りになる人はいない（十五歳年下の僕に、安い飲み屋には強い、と限定させてしまうところにこの人の魅力がある）。

僕に立ったまま飲む快感を教えてくれたのも小堀さんである。すご腕で、しかも酒好きのイラストレーターも連れていくので期待していろとおっしゃる。

外堀が埋まればらもさんも動かざるを得ない。段取りがすべて整ったことを告げると、

「よし、明日、取材に行こう」

と言う。

「いえ、まだ、掲載誌も何も決まってないんですけど」

「鉄は熱いうちに打て、酒は冷やのまま飲め、や。なんやったら今日、取材行こか」

腰が重いのか軽いのかよくわからない人である。ともあれ、こうして「せんべろ探偵」はその任に就いた。乾杯の音頭をとるのはもちろん、中島らもである。

その一
突入！せんべろパラダイス
大阪・新世界

「小堀サン、〝せんべろ〟ってわかりますよね」

中島らも事務所の大番頭、大村アトムから電話がかかってきた。アトムは体もデカいが声もデカい。

「わかってるがな、千円でべろべろになるっちゅうことやろ。で、せんべろがどないかしたんか？」

嫌な予感がした。大酒呑《の》みで大食漢の大男・大村アトムと呑みに行ってせんべろで足りるワケがない。〝まんべろ〟（イヤらしい）あっても足りないくらいだ。

「安酒と立ち呑みに目がない中島がですね、未曾有のデフレに備えて、全国各地のせんべろできる店を訪ね歩こうという企画なんですよ。チープでタイトな企画なんですけど、主旨から云ってコレはもう、小堀サンしかいないと」

以前、中島らもと公開対談をしたことがあった。

「中島らもと小堀純のビンボー自慢」

主催者がつけたタイトルに合わせて、私らは情けないビンボー合戦を繰り広げた。

差し入れでもらったケンタッキーフライドチキンの骨が捨てられず、スープにして飲んだ話。大入り袋の小銭を集めて電車に乗った話。呑み屋でアテを頼む金がなく、納豆一皿だけ注文して、納豆をニラみながら安酒を呑んだ話……。マイナーとビンボーを絵に描いて破り捨てたくなるようなヒサンな日々。思い出すたび、イサンが逆流しオエッとなる。

五十近くなっても相変わらず無宿編集者の私には、大村アトムの囁《ささや》きが地の底からの最後の伝令＝ラストオーダーとなって聞えた。

「やるがな。千円なら持ってるし。どこへでも行くがな」

無計画とアドリブ——川崎ゆきおの漫画「猟奇王」よろしく、私らは走り出していた。もう誰にも止められない。

酒二合頼めば、一合ただ！

中島らもがその作家生命と生命保険をかけてのぞむ禁断の最終企画「中島らもと〝せんべろ〟探偵が行く」。果てしない居酒屋巡礼の旅が始まった。「巡礼」であるからには〝聖地〟を目指さなければいけないのだが、私らはいきなり〝聖地〟から始めよう。せんべろの〝聖地〟と云えば、これはもう通天閣《つうてんかく》がそびえたつ新世界しかない。キタやミナミのチャラチャラした大阪じゃない、コテコテ、ドロドロのディープ大阪・新世界。大阪がまだモダンシティだった明治末期。大阪の巴里《パリ》か、はたまた紐育《ニューヨーク》か、ルナパークと呼ばれ、文字通り「新世界」だった面影はとうになく、朝から酒呑みのパラダイスと化した♬ここは天国、新世界♬

呑み屋は皆、朝から営業。ここでは朝っぱらから赤い顔はアタリマエ。酔っぱらいが通天閣に向かって五体投地したまま動かないのも〝聖地〟ならではの光景である。

午後一時。中島らも、大村アトムと通天閣の下で待ち合わせ。風薫る五月の陽光の中、私らは酒ヤケしたオッチャンになるべく記念すべき第一歩を踏み出した。

通天閣の真ん前に「大阪で一番安い店」と書かれた赤提灯《あかちょうちん》でいっぱいの店「やまと屋一号店」がある。看板には「新世界名物　安さにビックリ！　味見てコックリ！」とあり、〝酒ただ〟の強烈コピー。見ると、「お一人で酒二合お飲みのお客様に酒一合無料サービス」とある。要は二合分の金で三合呑めるわけだが、安酒呑みには思わずそそれるサービスだ。ちなみにビールも中ジョッキ二杯呑むと小ジョッキ一杯ついてくる。これはもう、せんべろ探偵としては入るしかない。店の前には水槽が置いてあり、ウナギがうねうね泳いでいる。入ろうとしたら、らもさんが「おれ、二日酔いやねん」と気勢をそぐ一言。昨夜、「嫁はんとケンカしながら」日本酒を七合も呑んでしまったらしい。今日も待ち合わせ前に玉造《たまつくり》の事務所に行って吐いてきたという。大丈夫か中島らも。呑む前にソルマックを飲んでおこうと薬屋へ。らもさんは高い方のソルマックSを。

一本五百円ナリ。ソルマックも三本買うと一本ついてくるのだ。さすがに新世界。酒とソルマックがサービスの町である。アフターケアもしっかりだ。

「やまと屋」に入り当然のことながら、私らは例の〝日本酒サービスセット〟を注文。銚子《ちょうし》に酒を注ぐ店員の手もとを見ていたら、一升瓶ではなく、何やらペットボトルを取り出して注いでいる。ペットボトルの色がほんのり黄色みがかっていたのは五月の陽光のせいであろうか。深くは考えないでおこう。酒は一合二五〇円。二合分の代金だから五〇〇円である。二合の大きな銚子に普通サイズの小銚子がついてくるのが可愛い。

らも　これ、どっちから呑めばええんやろ。

大村　そんなもん、好きにしはったらよろしいですや。

アトムは大きい方から威勢よくコップに注いでいる。私とらもさんは小さい方からチビチビと。中年男はイジマシイのだ。

大村　この店（やまと屋一号店）は一合二五〇円ですけど、薬屋のそばにあった五号店は二二〇円でしたわ。

「やまと屋」は新世界に八店舗あるチェーン店で立ち呑み専門もある。

らも　ここは椅子とテーブルあるやろ。二二〇円の店は立ち呑みやったやろ。

小堀　そうすると、差額の三〇円は椅子代か。

大村　ほんなら立ちまひょか。

らも　わしらは最初から禁を犯してしまったわけや。

座ってしまったものは仕方がない。せんべろになるべく安そうなアテを注文する。ピリ辛コンニャク二〇〇円と枝豆二五〇円に決定。コンニャクにはゴマがかかっている。

小堀　らもさんのエッセイにニラミ納豆って出てきますよね。つままずに、ニランでるだけで酒呑むっていう。

大村　一人で呑みに行ったら、よくアテって食べますよね。一人やから呑むか食べるか煙草《たばこ》吸うかしかすることないから、間《ま》がもちませんよね。こうやって人数がいると何も食べなくても平気ですね。

小堀　喋《しゃべ》ったりするからや。

大村　一人でこれ（ピリ辛コンニャク）ニランで呑むゆうのは淋《さび》しいですよね。

小堀　おれも一人で立ち呑み行くけど、つい二、三品アテを頼んでしまうな。ああ、やっぱりポテトサラダも食いたいなとか思って。

大村　ほんで食べちゃうでしょ。ニランでる間ないでしょ。

小堀　間、ないなぁ。おれ、煙草吸えへんから余計、間がもてへん。

大村　煙草吸われへん人は大変ですよね。煙草吸えへんかったら、どうやって間をもたせてええんか想像もできへん。らもさんは煙草と酒、どっちが先やったんですか？

らも　一緒。

大村　一緒って全く同じですか？
らも　うーん。煙草の方がちょっと早いくらいかな。あんまり変われへん。
と、ここで大村アトム、ピリ辛コンニャクにはしをつける。それもコンニャクを一ぺんに五、六本口に入れる。
らも　あ！　何をするんや！　君は！
大村　え？　（コンニャク）食べたらアカンかったんですか？
らも　減るやないか。
大村　戻しましょか。
らも　戻さんでもええ。
小堀　（コンニャクは）大きいのと小さいのがありますな。
らも　ゴマもあるな。
小堀　この大きいのは一はしで一本、小さいのは二本やな。
大村　今、ぼく大胆にも五本くらい取ってしまいましたわ。
小堀　ホンマに、大名と違うねんからな。
らも　気ぃつけてもらわな困るで。
大村　今、三人で合計千九百五十円ですけど、どうします？
らも　ほな、日本酒ワンセット（二合＋一合）を二人分頼んで三人で分けよか。

大村　なるほど、そうしたら三人でも合計二千九百五十円。
小堀　さっき向こうの方でオッサンが云うとったな、「サービスはええぞ」って。
大村　かっこええ、いさぎよい呑み方ですね。
小堀　サービスの一合はいらん。二合だけ呑みたいと。
大村　でも、サービスなしゅうのは、ぼくには理解しがたい境地ですわ。
らも　大人の世界や。
大村　その余った一合、こっちにちょうだいって云いたくなりますわ。
らも　品書きに「メロン」てあるな。「アジみりん干し二〇〇円」と「イカ塩辛二五〇円」に挟まれて「メロン四八〇円」。
大村　（店員に）あの、メロンってどんなんですか？
店員　普通のメロンです。果物の。
大村　生ハムとか一緒にあるんですか？
店員　ないんです。
大村　よう出るんですか？
店員　全然出ないんですよ。困ってるんですよ。
一同　ハハハハ（笑）。
店員　腐ってしまうんですよ。

ないか。

小堀　「アジのみりん干し」と「イカの塩辛」の間に挟まってるのがよくないんじゃないか。メロンの場所としては。

大村　一番よく出てるアテって何《なん》ですか？

店員　どて焼き（ホルモンの味噌《みそ》煮込・二八〇円）ですかね。

小堀　朝一番のお客さんて多いんですか？

店員　多いですよ。週末は九時すぎから呑みだしはりますからね。

大村　ぼくら、ちょっと出遅れましたね。

らも・小堀　そういうこっちゃな。

テレビはお昼のワイドショーをやっている。時計を見るとまだ午後三時だ。一回目にしては充分のせんべろ店でいい気持ちになってしまう。勘定を払い、外へ出るとお天道様がまぶしい。「こんなことをしていていいのだろうか？」という思いが一瞬よぎるが、ここはなにしろ、酔っぱらいの〝聖地〟である。せんべろ探偵としては、掟《おきて》破りのハシゴ酒がしたい。もう一軒押さえとこかと千鳥足の三人はジャンジャン横丁へと向かうのだった。

ジャンジャン横丁にへたりこむ

ジャンジャン横丁の端っこ（通天閣寄り）に煮込みホルモンでおなじみの店「丸徳《まるとく》」がある。長時間煮込んだホルモンをぶっかけたホルモンうどんが名物で、テレビなどで新世界が紹介されると必ずといっていいほど登場する有名店だ。

らも　わし、日本酒の冷や。
大村　二級（二三〇円）でよろしいですよね。
らも　え、等級があるんか？　それやったら、わし一級（三一〇円）。
大村　えー!?　八〇円も違うんですよ。
らも　わしが牢屋《ろうや》に入ったら二級酒呑む思うか？　牢名主《ろうなぬし》は一級酒呑むんじゃ。
小堀　らもさん、牢屋では酒呑めまへんて。わしは二級でええよ。あとゴーヤ（三〇〇円）もらおか。
大村　じゃ、ぼく、蒸し豚もらっていいですか？　三二〇円するんですけど。
らも　ホルモンの煮込。
大村　らもさん、値段も見んと頼まはったでしょ。四〇〇円もするんですよ。今日、最高のアテですよ。

らも　何か、むなしくなってきたな。

「丸徳」には泡盛が置いてあり、海ぶどう、ゴーヤスライスなど沖縄料理も多い。ちなみに一番安いアテは梅干し五〇円。他には冷やっこ一五〇円、キムチ一九〇円。このあたりで呑んでいれば充分せんべろである。「やまと屋」も朝からやっていたが、この店は朝七時半から営業というのが凄《すご》い。新世界の朝は早い。そして酔っぱらいはオシッコも早い。ただ、ここは店内にトイレがない。したがって近所のパチンコ屋に行くことになる。

大村　小堀さんトイレ行ってきはったんですか。慣れてはりますね。

小堀　天王寺《てんのうじ》のあるパチンコ屋ではな、トイレットペーパーがトイレの中やなくて、トイレの入口、トイレの外に置いてあるんや。客は使う分だけ持って入ること、と書いてある。ロールごと持って入るんは御法度《ごはっと》なんや。ここのパチンコ屋も紙は景品カウンターでもらうシステムやった。

私らがトイレの紙がどうのこうのとくだらない話で盛り上がっていると、らもさんの様子がちょっとおかしい。

らも　アカン、二日酔いのせいかな。ちょっとシンドなってきた。

じゃあ、まだ一人千円以内だし、ここらで切りあげましょかと店を出た途端、らもさん、足にきて倒れかかる。私がとっさに抱きかかかえるが、いかんせん、こっちも千鳥足だ。ふたりしてジャンジャン横丁はずれの地べたにへたりこむ。ただの酔っぱらいと化した私らが座っていると、赤ら顔のオッチャンが「おい、救急車呼んだろか!?」と声を掛けてくれる。

「ありがとう。大丈夫ですわ。座ってたらラクになりましたわ」

せんべろ神のご加護か、幸い救急車のお世話にはならず、私らは「今日はこれぐらいにしといたるわ」と力ないギャグをかまし、へろへろと新世界を後にしたのだった。

初日から文字通りせんべろに見事なった私ら、さあ明日はどっちだ!?　聞けばらもさんはへたりこまないよう、日々三十回のヒンズースクワットを課しているという。

らものらっぱ呑み

友人の仁木君が痔《じ》になった。いぼ痔である。何をやってもお尻が痛いのでついついヘッピリ腰になってしまう。言っておくがこの仁木君はかなりの美形の青年である。その美形の仁木君が「肛門科」を探してミナミのあたりをウロウロと。

結局見つけて入った肛門科は満員であった。お年寄りの男性が多い。みんなでワイワイと痔の辛《つら》さについて語り合っている。椅子に腰かけていた仁木君も話の輪の中に入りたくて、ついつい、

「本当痛いですよねえ、いぼは」

ってなことを言ってしまった。

と、一座の空気が凍りついてみんなが黙ってしまった。中の一人が強い口調で仁木君に言った。

「そやかて見てみぃ、この中で座ってるの、あんただけやないか」

みんな余りの痛さに、座ることさえ自由にならなかったのである。

座るの、立つのという話では、昔の神戸三宮《さんのみや》でこういうことがあった。

三宮といえば外人バーが林立していたところであった。船が入るたびに乗組員たちが、外人バーに押し寄せるのである。

「外人バーは高い」

というのが彼らの言い分であった。彼らは日本人サラリーマンが通う安酒場に、足を運ぶようになった。外人が、

「オバチャン、ナットークダサイ」

と注文している珍妙な光景をあちらこちらで見かけるようになった。

こうした風景は、外人相手のみならず、

日本中に拡がっている。

最近おれはこう思うようになった。

「座って呑《の》むのは贅沢《ぜいたく》だ」

昔からたまに立ち呑みに行くことはあった。しかしほとんどの場合、おれは座って呑み喰《く》いしていた。小料理屋、焼鳥屋、中華料理屋、焼肉屋。どんなところでも足を開いて二人分の席を占領して、七勺《しゃく》くらいしか入らないお銚子《ちょうし》を何本も並べてケラケラ笑いながら、上司の悪口を言ってきたのである。

神をも畏《おそ》れぬ行為である。

おれは仕方のない場合以外は椅子のない店、すなわち立ち呑み屋で呑むことにした。

立ち呑み屋の利点その1 「安い」

立ち呑み屋で一番安いのは多分「梅干し」であろう。店によって違うだろうが大体五十円くらいであろう。おれは自慢じゃないが梅干し一個あれば、日本酒四合くらいは呑める。逆に高いもので言えば刺し身の四百八十円くらいのものだろう。

酒はどうか。日本酒は大体二百三十円くらいか。普通の座る呑み屋では四百円くらいである。この百七十円の差がすぐに呑める本数となって、我が身に返ってくるのである。

立ち呑み屋の利点その2 「うまい」

立ち呑み屋の味を侮ってはいけない。凍《い》て付くような冬の夜、暖かい店の中に無理矢理入れてもらい、穴子の天ぷら通し揚げにおでんの汁をかけてもらった一品などにかぶり付いていると、酒を呑みに来たことを暫《しば》し忘れてしまう。

本企画は立ち呑みを愛して已《や》まぬ三人の、酒くさい旅日記である。

その二
色街のネオンを肴に
横浜・黄金町

全国一千万、せんべろファンの皆様、お変わりございませんか？　γ《ガンマ》ＧＴＰの上昇に比例するように、大阪の夏はアツイ。それでなくても――大阪人は体温が高い。汗ばんだ毛穴から発せられる体熱が街角のいたるところでフェーン現象をひきおこしている。第一回せんべろ探索で新世界にへたりこんだ私らは、地面のいたるところに小さな穴を発見した。

「大阪の酔っぱらいが痰《たん》吐いたらアスファルトに穴があく」

関西系の酔っぱらいの痰は酸がキツイ。疲れが増す夏場はとりわけ酸度が高くなり、穴ぼこだらけの道になる。オリンピックが来なくてよかった。マラソンなんてもってのほかである。

ハマの魔境――妖しい灯りのその先に……

そんな大阪を離れ、私らは旅に出ることにした。思いきって北海道へ行きたいところだが、辿《たど》り着いたのは横浜だった。それも港町ならぬ色街の横浜である。

横浜駅から京浜急行の普通に乗り黄金町《こがねちょう》へ。「急行」なのに「普通」かい!! とツッコミの一つも入れて黄金町駅に降り立つと、中島らも・大村アトムのせんべろ衆と文藝春秋の編集者・和賀さんがすでに待っている。らもさんはビニール傘ひとつの軽装。「ちょっと一杯ひっかけに来た」が佇《たたず》まいから漂っている。アトムはいつもの「早く呑《の》みたい」モードだが、和賀さんが妙にコーフンしている。降りしきる雨の中、一抹の不安を抱えながら和賀さんの先導で黄金町のガード下へと向かった。

京浜急行・黄金町駅から隣りの日《ひ》ノ出町《でちょう》駅までのガード下、約五〇〇メートルに三、四人も入ればいっぱいの小さな酒場が並んでいる。並んでいるのは酒場だけではない。赤やピンクの妖《あや》しい灯りに照らされて、超ミニ、巨乳のオネエサンがそれぞれの店の前に立っている。茶髪、黒髪に混じって金髪、銀髪のオネエサンもいる。

「うわッ可愛いぃ!!」

和賀さんのコーフンはこれだったのか。オネエサンをみる度、同じ台詞《せりふ》を云っている。

アトムはアトムで、

「らもさんが今夜、童貞捨てる云うてますけど。ぼくも一緒に捨てていいですかぁ〜」

何回捨てれば気がすむのか。アカン、血迷っている。

横浜の地にせんべろを探すべく、立ち呑みに来た私らが、下半身をオッ立ててどうする。しかし、可愛いなあ。見ると前の店にオヤジがひとり入っていく。しばらくして、店の内側からガチャリと鍵がかかった。気になるけど、ちょっとアブナイか。私らは歩く速度を心なしか少し速め、ガード下を抜けた。

がまの魔力か⁉ 〝せんべろ〟が暴走する

「そう云えば、表の道路沿いに何やけったいな名前の店ありましたわ」

本来のせんべろ探偵に戻った大村アトムが気になるひと言。路地を折れ、幹線道路に出ると、「うまい！　安い！　炭焼きホルモン」の電飾看板。真っ赤なノレンに「がま親分」とある。ホルモンの焼ける匂いに誘われて、私らは思わず、がまに呑み込まれてしまった。

コの字形のカウンターにテーブル席が六つ。四人掛けのテーブル席に座るといきなり、デンと炭火の入った七輪が置かれる。アツイ。和賀さんは黒ホッピー（五〇〇円）。私らはビール（中瓶・五〇〇円）を注文。ホルモン焼きとくればビールを頼みたくなるのが人情。しかし、これでせんべろ予算の半分がトンでしまう。しかも中瓶だ。

大村　一番安いのがライス（小）一五〇円ですわ。コチュジャン（唐辛子みそ）がテーブルにありますから、ライスにコチュジャンつけてアテにすれば一五〇円ですけど。

小堀　殺されるで。ここまできたら、七輪も来てることやし、ホルモン頼まなしゃあないな。

ハラミ。ギアラ。コブクロ。イカ。牛スジ。白モツ。居直った私らは、次々に注文してしまう。各単価は五〇〇円。らもさんが七輪の金網にはしをのばす。

大村　らもさん、そんなん、こまめにひっくり返すの好きなんですか。珍しくサービスしてくれはりますね。

らも　はよ、食いたいねん。

せんべろルールでは、今回は四人なので総額四千円使えることになっている。しかし、この時点でもう千円オーバーだ。

らも　ツケ制度、設けよ。

小堀　何ですのん、それ。

らも　お金を使い過ぎた場合、ツケにしといてもらう。その代わり、次回は塩なめて呑んでツケを返すんや。

大村　キビシイなぁ。

小堀　その店に合った流儀でアテを頼み酔っぱらうのが〝せんべろ〟の王道や。ホルモンの店ならホルモン頼まなアカン。ライスに塩だけちゅうアテは邪道なわけや。私らはそもそも店の選択から気ぃ遣わなアカンわけや。

大村　せんべろにも王道と邪道があると。関西だとテーブルにキャベツが置いてあるじゃないですか。関東はそういうサービスがないでしょ。

小堀 ただ、キャベツばっかり食ってると店のオヤジが嫌がる。

大村 でも、串カツ屋のキャベツっておいしいですよね。

小堀 うん。

大村 家で食べるのと全然違いますね。味が。

らも あれは、某国のスパイが入れとんねん、麻薬を。

大村 どういう目的でですか?

らも 民衆を錯乱させるためや。床に串捨てたゆうてオバちゃんが怒ったり、ソースの二度づけやゆうて怒ったりするのも麻薬のせいや。

店の品書きをメモしていた私にも「アンタもスパイか」とらもさん。せんべろに挫折した私らはだんだん酔いがまわってきた。

大村 今日はもうせんべろ無理ですよね。

和賀 でも皆さん、心の中で(せんべろの)良心は持っていて下さい。

小堀 この手の食べもの中心の店では、せんべろはまず無理や。

大村 そうですね。

小堀 やっぱり、安いアテがあって安酒がある所じゃないとな。

でも私らは入ってしまった。そして座ってしまった。そうだ。名前にひっぱられたのだ。「がま親分」て誰だ!?

大村　なんで店名が「がま親分」か、推理しましょうか。

らも　前の店が「児雷也《じらいや》」ゆう店でうまいこと行けへんかったから店名を変えたんや。

大村　「児雷也」って、がまの化け物ですよね。（仮面の忍者）「赤影」に出てましたわ。

小堀　それやったら目玉の松っちゃんやろ。「児雷也」がなんで「がま」に戻らなアカンのや。

私らが「がま」がどうしたこうしたと勝手な推理をしている間、和賀さんはいつのまにか席をはずし、店の人と話し込んでいた。

和賀　怖ろしい事実が判明しました!!

「がま」は誤植で「かま親分」だとでも云うのか!?

和賀　ここのオーナーはカフェバーやショットバーを本牧《ほんもく》あたりで経営していたらしいんですが、不景気で客が入らなくなって、根強い需要のある焼肉やホルモンに事業の一部をシフトしたそうなんです。私がさっき話を聞いた兄サンも元は若い人の来るクラブのマネージャーで、二千人くらいの常連客の顔と名前を覚えていたというんですよ。ところがここはそんな必要なくてラクだと。客の顔を見て、「ちゃんと金払ってくれるかどうか」だけ判断すればいいと。

小堀　なるほど。で、肝心の名前の由来は？

和賀　前の店、カフェバーの時の常連さんの提案なんですって。
らも　で、何かイミあるの？
和賀　いえ、特に何の根拠もないと。

一同、「何のこっちゃ」だが、確かに、「がま親父《おやじ》」じゃなくて「〜親分」というところにひかれるのかもしれない。ホルモン焼きで「がま親分」ときたら精がつきそうやし。最初にこの店に来て、その後、黄金町のガード下に行っていたら今夜は違った展開になったかもしれない。いずれにしても、せんべろとははずれてしまうのだが。店内を見渡すと、若い人が多い。サザンオールスターズや横浜マリノスの選手の色紙が貼ってある。一見、脂にまみれたオヤジ向けの店にみえるが、実はわざと汚した、若者向けの店かもしれない。

小堀　わし、地鶏焼き頼むわ。
大村　骨つき地鶏、六五〇円もしますよ。
小堀　骨なしの五〇〇円のでええ。骨に一五〇円もよう出さんわ。
らも　豚足（五五〇円・六本）ゆうのはどないやろ。
大村　豚足は食べんのに手間かかるでしょ。ええんちゃいますか。
らも　ほんで、マリファナみたいに順に廻《まわ》さなアカンやろ。
大村　確かに最初、豚足をアテにしてたら、せんべろいけたかもわかりませんね。豚足六本廻し食べしながら酒呑んで。
小堀　遅きに失しましたな。でもやっぱり、ここの店の流儀には反するわな。いきなり七輪出されたら何か焼かんわけにいかんやろ。
ボイルした豚足をかじりながら後悔していると、らもさんがつぶ貝を焼かずに生で食べている。
大村　らもさん、焼かなあきまへんよ!!
らも　これ、焼くんか？
大村　どう見ても、焼きもんですやん!!
そう云いながらアトムはつぶ貝をしっかり焼いて食べている。
らも　わしらのことそのうち知れ渡って、店に入ったら「はい！　いらっしゃ〜い。はい、オマケ！」とか云われたらイヤやな。
大村　イヤなことないでしょ。それが目標とちゃうんですか？
らも　イヤやんか。
小堀　「おたくらから千円以上いただけませんわ」って云われたりしてな。そうなったらゴロやな。せんべろやなしに〝せんゴロ〟や。「わしら知っとるか？　どの店でも千円以上払わんゆうて有名なんやで」ゆうて。
大村　「なんやったら千円もろてもええぐらいや」ゆうたりして。問題ありますね。

早くも〝せんゴロ〟化しつつある私ら。こんなことではいけない。あの日、〝せんべろの聖地〟新世界で堅く誓ったせんべろ巡礼はどうなったのだ‼　ここは大阪へ舞い戻り、一から出直そうと切り上げる。勘定を聞くと、七千二百九十円だという。ホルモンはおいしかったし、酒にもよく合った。しかし、現実はひとりあたり八百円以上もオーバーである。調子に乗りすぎてしまった。このツケは、どこかで取り返さないといけないだろう。始まったばかりだというのに、せんべろ巡礼は光がみえない。和賀さんが云った「心の中で（せんべろの）良心は持っていて下さい」のコトバが重い。

らもの
らっぱ呑み

水っぽい酒・酒っぽい水

ある雑誌を眺めていたら、作家、文化人が集まって、酒の肴《さかな》として一番適しているのは何か、ということを一生懸命に論じているのである。随分馬鹿馬鹿しいことを、大の大人がやることだと思ったものの、実はおれはそういう馬鹿馬鹿しい読み物が大好きなのだ。例えて言えばサイとカバではどちらが強いかなどということを真剣に明け方まで論じ合っていたりもする。

〝酒の肴何が偉いか〟論争を、血走った目で読んでいると某大学の某教授が、おかしなことを仰《おつしや》るのだ。

「私の酒の肴は〝水〟です」

酒の席でもあり、ガヤガヤともしていたのだろう。教授はそれ以上多くは語らなかった。

大体おれは酔っぱらうために飲むのであって、うまい酒、フルーティーな酒、舌にまとわりついてくる酒、これらみんなお引き取り願いたい。

肴なんかはあればあったで結構なことだが、なければないで一向構わない。

この前落語を聴いていたら、ある咄家《はなしか》が自分の師匠である六代目松鶴《しよかく》の酒の飲み方について話していた。それによると師は酒のつまみのないときに「サクロン」を舐《な》めつつ、大酒を飲んだと言う。

おれはこの話には大いに感銘を受けた。しかし「サクロン」では次の日大便も出ないであろう。それはそれで悲しいものがある。

ところで志《し》ん生《しよう》は付き人に向かって、

「どうして酒しか飲んでいないのに、糞《くそ》が

出るんだろうなぁ」
ともらしたと言う。
それはさておき、酒と水。この取り合わせは如何《いか》なるものか。おれはこういうとき、ためらったりしない。おれの家には生意気なことにヴォルヴィックが冷蔵されている。おれの好物であるカルピスを飲むためのものだ。

水を用意したりするうちにおれは西部劇の酒場を思い出した。カウボーイが店主に「ウィスキー」と頼むと、店主がウィスキーのダブルをカウボーイに渡す。カウンターのグラスをスーッと。

思い出せばこのシーンには水は登場しなかった。ただ、今、アメリカやヨーロッパの一流ホテルのバーに行けば、チェイサーとして長いコップの冷水を出してくれる。文明の発達とともに、カウンターの上をすべるウィスキーのグラス。それを受け取る男の手。そうしたものが姿を消したのだ。

メキシコでは、ことはもっとワイルドだ。大人の男の親指ほどのグラスに薄い金色のテキーラが、なみなみと注がれている。ではここにはチェイサーはないのか。そんなことはない。親指大の大きさのグラスの横に全く同じグラスが置いてあって、その中にはトマトジュースが満たされていたりする。

では「サケ・ウイズ・ウォーター」はどんな具合なのか、自分の家で試してみた。

それは奇妙な体験であった。①味に風景がなくなる。②いくら飲んでもなかなか酔わない。③夜中に寿司の折を持って飲み屋街をうろうろしたりしない。まだまだあるのだが、この問題は〝せんべろ〟にとって興味深い問題であるので、次の機会に譲りたい。

その三
立ち呑み屋の海に漂う
大阪・京橋

横浜・黄金町では心ならずも体がつい反応し、ホルモンの誘惑に負けて「せんべろの良心」を捨ててしまった私ら。

それでなくても「良心」はせんべろぐらいしかない三人であった。ここは一つ、原点に還らなければいけない。初心忘るべからず。やはりせんべろの原点は「立ち呑《の》み」である。

♫京橋は、ええとこだっせ♫

らもさんは「新世界にリベンジしたい」意向だったが、リベンジは先に延ばし、私らは大阪有数の（ということは世界有数の）立ち呑みの海、京橋へ飛びこんだ。

たとえば、誰でもいい、まわりの人に、

「♫京橋〜は〜」と唄いながら呼びかけてほしい。即座に相手が、

「♫ええとこだっせ、グランシャトーがおまっせ♫」と応えたら、そいつは紛れもなく大阪人である。京阪電車の京橋駅を出てＪＲの方向をみると厳然とそびえ建つ総合レジ

ヤービル「京橋グランシャトー」。ピンクというよりは桃色の三角屋根（西洋のお城風!!）が目印のパチンコあり、サウナあり、キャバレーありの大阪一有名な総合レジャービル。だが、私らのまわりで行ったことのある奴《やつ》はほとんどいない。一度は行きたい「グランシャトー」だ。

余談だが、大阪人の見分け方をもう一つ。誰でもいい、まわりの人に、ノコギリを持たせる。それだけでいい。相手が思わずノコギリを叩《たた》き、「お〜ま〜え〜はぁ、ア〜ホかぁ」と唄ったら、そいつも大阪人であるから注意してほしい。（Ⓒ横山ホットブラザーズ）

京阪とJRの間の広場には、（たぶん）ギターを弾き、（たぶん）唄っている若者たち、無国籍であやしげなアクセサリー売り、猛スピードのティッシュ配り、ただの酔っぱらい、ただの酔っぱらいから進行した壊れゆく人、もう壊れてしまった人たちがひしめきあっている。

私は「デフレや！　大阪で二八〇円フーゾクが出た」の週刊現代にもそそられたが、やはり京橋は「大《ダイ》スポ」（大阪スポーツ）が似合う。大スポの求人広告を見ながら待っているとほどなくらもさんとアトムが現れた。今日はヘタを打つまいと大村アトムにはもう何カ月も前から事前調査を命じている。

「ええとこおまっせ」

まるでグランシャトーのCMのような口ぶりのアトムが案内したのは、JR京橋駅北口。北口界隈《かいわい》には立ち呑みが十軒ほどあり、駅から一、二分のところに立ち呑み専門店が三軒、寄りそうように並んでいる。右端が天ぷら、揚げもの系が人気の「多聞《たもん》」。まん中が「酒蔵・七津屋《ななつや》」。「七津屋」は週末割引サービス、その名も「あ金・土のサービスデー」というのをやっていた。大瓶ビール三九〇円が二九〇円、日本酒二五〇円が二〇〇円という具合である。ちなみにアトムがお盆に訪れたときは〝特別サービス！ IWハーパー水割り一杯一一〇円〟だったそうである。

得意技がそれぞれある立ち呑みが三軒並んでいると、どこから入るか迷う。それにどの店も満員だ。

「何なら三軒ハシゴしまひょか」

アトムの提案（というか予言？）を聞き流し、左端の「岡室酒店直売所《おかむろさけてん》」に入る。客はすきまなく、びっしり二十人ほどが立っている。左へ右へ少しずつ、空間をあけてもらって三人が並んだところで仲良く（？）日本酒の冷や（二五〇円）をもらう。元気のいいマスター（常連はそう呼ぶ）が一升瓶からコップに豪快に酒を注ぐ、というか、注ぎ落とす。当然、酒はコップからあふれ、こぼれ落ちてしまうのだが、下にはおでんの海が控えている。日本酒を朝から晩まで呑みつづけたおでんはやっぱりうまい。

らも　厚あげとたまごちょうだい。

大村　マグロのぶつ切り下さい。
小堀　わし、そら豆。
らも　おれはおでんやったら厚あげ、たまご、大根、豆腐が好きやな。
大村　ぼくもだいたい一緒ですけど、（おでんの）たまごはキライです。煮抜きってパサパサするでしょ。
小堀　そこに味が染みてくるとうまいんやんか。わしはちょっとゼータクするんやったらロールキャベツやな。
らも　うわ、高あ〜。
小堀　だからゼータクって云うてるやないですか。でもここは一二〇円ですよ。
「岡室」はおでん（八〇円から一五〇円）のおまかせ盛り合わせ（五品）二五〇円、同じく天ぷらが五品盛り合わせ（二五〇円）とアテは安くてうまい。何より刺身系、天ぷら系、炒《いた》めもの系等々、種類が圧倒的に多い。サイコロステーキ（三五〇円）、豚平焼《とんぺいやき》（三五〇円）、豚キムチ（四〇〇円）といったオヤジが思わず勢いで頼むボリュウムのあるアテもある。
大村　前回、我々は予算オーバーしてますからね、横浜の「がま親分」で散財した分、ツケを返さなアカンのです。
小堀　色街にもホルモンにも血迷ってしまったな。

大村　ツケなんていつか払えばええもんですから別に今日払わんでもええんですけど。
小堀　地道にちょっとずつ返せばええんや。
大村　一年間、催促されへんかったら借金棒引きになったりしませんかね。
小堀　今日頼んだものはアトムのが一番高いね。
大村　すんません。これ（マグロぶつ切り二五〇円）うまいですわ。
小堀　わしのは二〇〇円（そら豆）やけど、つまめる量が多いからな。
大村　で、ぼくだけ早くも日本酒二杯目ですわ。三人で三千円ですけど、その日によって差が出るのは仕方ないですよね。
らも　今日、来る前にヘンなもん、食べたな。
大村　何ですのん？
らも　草餅とアンパン。なんで家にあったんかな。
小堀　お盆のお供えの残りものやないんですか？（※取材はお盆過ぎであった）
らも　あ、そうかな。バクバク食うてもうた。
小堀　いくつ食べはったん？
らも　六つ。
大村　餅六ついうたら正月並みですやん。
前の日の夜は家で中華料理を食べながら日本酒を五合呑んだという。らもさん、食欲はよさそうである。ちょっとノドが渇いたというらもさんは一息つこうとウーロン茶を注文。

怖るべし、ウーロン酒

店主《マスター》　ウーロン茶でいいの？「ウーロン酒」ゆうのもあるんやけど。大阪ではウチしか置いてへんやつやで。宝酒造が出したやつで最初から焼酎をウーロン茶で割ってあるねん。

２ℓのペットボトルに焼酎をウーロン茶で割ったものが入っている。アルコール度数は８％だ。関東ではウーロン割りはポピュラーだが、関西はそうでもなかった。最近は出す店も増えてきたが、ペットボトルに入った完成品は初めてみた。

店主　これ、ごっつうよう売れんねん。

小堀　一杯なんぼですのん？

店主　二五〇円。アッサリしてるわりにようまわるで。

大村　ぼく、もらいますわ。

怖るべし、宝酒造の「ウーロン酒」（商品名・ＴａＫａＲａ烏龍酒）。アトムもあっという間に一杯あけてしまっている。「控えめにせんべろしよう」と云っていた当初の目《もく》論見《ろみ》は悪魔の酒、ウーロン酒の出現でもろくも崩れさった。三人、酒のピッチが上がる。

大村　なんぼでも呑めますね。油断して五杯くらい軽く呑めそうですわ。

店主　五杯どころか、こないだ常連のおばちゃんが十三杯呑んだ。

小堀　ひょっとして昼間に？

店主　そう昼間に。さっきまでここにおったおっちゃんは三十杯呑んだ。

らも　三十杯⁉

店主　うん。しばらくしたら、また戻ってきはるわ。

らもさんは調子が戻ってきたのか、日本酒の冷やを追加。私もウーロン酒に食指が動くが、もう一杯、日本酒の冷やを頼む。ついでにおでんのスジ肉と大根も注文。

小堀　店は何時から開けてんの？

店主　朝九時から晩は十一時まで。朝来《こ》なあきまへんで。朝がおもろいのに。休みは水曜やけど、正月と盆は絶対やってますよ。

店主のテンションもあがり絶好調。一升瓶から注ぎ落とされる日本酒が滝のようにおでん鍋に注がれていく。

大村　らもさん、この取材好きなんでしょ。

らも　うん。気楽やしね。

大村　編集者の人も来はらへんし。

「わしも一応、編集者なんやけど」と思いながら、おびただしいアテの品書きをメモする。この年になって「センマイニラ炒め二五〇円」をメモするとは思わなかったとボヤいていると店主が、「写真撮らはったらラクやのに」と云ってくれる。気を遣って撮らなかったのだが、カメラを向けると店のお客さんもポーズを取ってくれたりする。バシャバシャ撮っていると店の入口に小さなビデオカメラ（のようなもの）を発見。何というか、〝とってつけたような〟存在だ。

小堀　あの、カメラみたいなやつは何ですのん？

店主　ああ、あれは地球防衛軍につながっとんねん。ワルイ奴をビビらしたろ思てな。

そうだったのか。知らなかったのは私らだけではあるまい。案外、本当だったりして。

大村　「岡室」って、国道一号線沿いにもありますよね。

店主　あそこは兄貴がやってる。立ち呑みもやってますよ。夕方五時からやけどね。

大村　近所にキャバレーありましたね。

店主　平均年齢七十くらいのホステスばっかりで、ひらかたパークのお化け屋敷より怖いという（笑）。

らも　ボク、おそそさしたろか〜。

大村　らもさん、昔はヘンなスナックとか、よう行ってはったでしょ。

らも　〝地獄バー〟とかな。店ん中がおでん煮しめたような、何とも云えんニオイしてて。客が入ったらカギ閉められる。女装した人や色情狂のおばはんがおってな。

大村　らもさん、そんな店、誰と行ったんですか？

らも　印刷屋時代の会社の人と。けっこう、高い店やったな。

大村　わざわざ行くなんて、その印刷屋の人もタダ者やないですね。

らも　まぁそうやね。行く人と行かん人がおったけど。

小堀　そう云えば、「スナック」って行きませんね。白っぽい、丸いイスが置いてあって、つき出しにレーズンバターが出てくる。

大村　レーズンバター!!

小堀　おととし、つきあいで行ったミナミの店がまさにそうやったな。そこはつき出しにおでん出てきた。で、トイレには「社長室」って書いてある。

大村　新地の店のトイレにも「社長室」ってありましたよ。

らも　君は社長たるおれを立ち呑みに連れて来て自分は新地で呑んでるんか。

大村　そんなもん、自分の甲斐性《かいしょう》ですやん。

小堀　漢字で書けるか「甲斐性」って。

大村　書けませんけどね。

らも　おれも新地で払ったことないからどのくらい高いか見当がつかへんね。

大村　勤めてた頃、会社の金で領収書もらって呑んだことないんですか？

らも　ないねえ。社長と一緒にしか行かんかったから。年間の接待費の枠が四百万円やったんやけど、その時の社長は月額二百万円呑むねん。今はタクシーの運転手やってはるけどね。

「人生いろいろですなぁ」と、よくある呑み屋の会話になってきた。気がつくとアトムと私は例の「ウーロン酒」を次々とお代わりしている。夕方から店に入り、もう二時間もトイレにも行かず（この店もトイレはない）、立って呑んでいるのだ。あっという間に時間がたつのが酒の怖いところだ。酒も怖いが、その後の勘定はもっと怖い。アトムが店主にたずねると、「四千九百九十円ですわ」。がーん!!　またしても千九百九十円のオーバーである。でも、「これだけ呑んで五千円切ってるのは凄《すご》いよな」と私らは妙に納得して店を出た。そうして、少なからず心にあった「せんべろの良心」はガマンしていたオシッコとともにパチンコ屋のトイレに流れていったのだった。

らもの
らっぱ呑み

辛い肴

前回は変わった肴《さかな》のことを書いた。中でも驚いたのは某教授の酒の肴が「水」だという話であった。

池波正太郎さんのエッセイに出てくるのだが、終戦後の新宿にあった非常に珍しい飲み屋が紹介されている。ここの飲み物は日本酒だけである。酒に水をさしたり、エチルアルコールに色を付けて水でうすめたり、とんでもない酒が出廻《でまわ》っていた当時としては、本物の酒を出すのは良い店である。ただこの店の出す肴が変わっている。

「山葵《わさび》」

これだけなのだ。

客はぐびぐびと本物の日本酒を飲み、山葵を嘗《な》めて涙目になる。これはなかなかシンプルで、スマートな酒の飲み方だろう。

そう言えばテキーラの中に芋虫が入っているのを御存知だろうか。このテキーラの場合、酒の中の芋虫を肴にして酒を飲むのだろうか。そんな馬鹿なことはないだろうと思う。なぜなら芋虫が酒の肴になるほど旨《うま》いとは思わないし、酒の肴にするにしては瓶の中の芋虫の量が少なすぎるからである。これは何かしらの漢方の役割りをはたしているのではないか。そう考えるのが正しいように思える。

ところで東京文化の一つに「蕎麦屋《そばや》で酒を飲む」ということがある。知識としては知っていても、実行するにはややためらいがある。大阪は何と言っても、うどん文化圏である。〝大阪人が東京もんの真似《まね》なんかしおって〟という目が背後から注がれるような気がして。

しかし度々東京の蕎麦屋で酒を飲んでいるうちに、自分の中で蕎麦屋モードとでも言うべきものが、出来上がってしまった。東京の蕎麦屋で酒をたのむと、まず「蕎麦味《み》噌《そ》」というものが出て来る。これが不味《まず》い。めちゃくちゃに不味い。非常に甘いのである。これでは酒は飲めない。麺のほうはさすがに腰がある。問題はつゆなのだが、大阪人はよく東京の蕎麦が真っ黒けで、あんなたどんの汁みたいなもの喰《く》えまへんと勝ち誇る。

だが実際には東京の蕎麦汁はそれほど味が濃くはないのだ。あの色が黒いのは濃口《こいくち》醬《しょう》油《ゆ》を使っているからなのであって、味自体はそれほど辛いものではない。

ところで東京人の逆襲として、大阪人はうどんをおかずにご飯を食べる、というのがある。これがまた親の仇《かたき》にでも会ったようにこってんぱんにやられる。

しかし、しかしである。おれは昔、東京の月島《つきしま》に三年間住んでいた。その時に見てしまったのである。近所に勝《かち》どき庵《あん》という蕎麦屋があった。そこで盛り蕎麦を喰っていると、ドアが開いて中年のややくたびれた感じのサラリーマンが入って来た。

「ご注文は」

と尋《き》かれた男は即座に、

「素うどんに大めし」と答えた。

ほらほらほらほら。いるんじゃないか、東京にもカーボン人間が。

そういえば、東京のどこかの駅前に様々なラーメンの見本写真が並んでいて、

「麺類にはすべてライスが付いています」

と、書いてあった。

東西を問わず人間は澱粉《でんぷん》に弱い生き物なのだ。

その四

「忘れようとしても思い出せない」名古屋・大須

先日、某誌の取材で中島らもに話を訊《き》いた。作家としての抱負をたずねると戯曲の小説化予定に加えて、

「せんべろシリーズの充実やね。よりグレードアップ、ビルドアップしてやね。せんべろを極める。その為には全員、死んでもいいという覚悟をもってもらわんと」

秋の日の昼下がり。トロンとしていたらもさんの眼差《まなざ》しが一瞬、鋭くなった。「全員」云われても三人だけやのにと思ったが、仕方がない。こうなったら道連れを増やすしかない。放っておいてもせんべろが寄ってくる大阪を離れ、私らは名古屋へ行くことにした。

今でこそ「歩く京橋、座る新世界」と呼ばれ、根っからの〝大阪系せんべろ〟と思われがちな私だが、実は名古屋出身である。大阪へ来たのは一九八二年。それまでは名古屋でマイナー情報誌（プレイガイドジャーナル名古屋）の編集者をしていた。わけあって編集部は解散、私は大阪へ流れてきて名古屋よりは幾分ましなマイナー情報誌（プレイガイドジャーナル）の編集者になり中島らもに出逢《であ》うことになるのだが……。そんなわけで私にとって名古屋は生まれ住んだ街であり、仕事を始めた、云わば「原点」の街

である。

愛憎が味噌《みそ》煮込みになった名古屋の街。名古屋へ来るたび私は故・鳳啓助《おおとりけいすけ》先生の名言「忘れようとして思い出せない」の心境になるのだった。

名古屋でせんべろと云えば、これはもう大須《おおす》しかない。名古屋駅から車でも地下鉄でも約十分の大須は、徳川家康が現在の地に移したという大須観音を中心に万松寺《ばんしょうじ》通り、仁王門通り、赤門通りなどの商店街からなっている。戦後はテレビ塔のある栄《さかえ》が名古屋の中心地となったが、それまでは盛り場と云えば大須だった。

映画館、芝居小屋、演芸場が客を集め、観音さんの参拝客でにぎわった大須は、たとえるなら東京の浅草に近い。現在は若者相手の古着やアクセサリーの店も増え、活況を取り戻しているが、七〇年代は戦前のにぎわいはどこへやら、盛り場の面影がすっかりない、老いた街だった。ところがそんな大須に〝アングラ（演劇）〟が住みついた。大須観音のすぐ南の廃倉庫を改造し、一九七二年に七ツ寺共同スタジオがオープン。そろそろ創立三十年になろうかという、この小劇場の草分けからは名作「寿歌《ほぎうた》」で知られる劇作家・北村想はじめ名古屋の演劇人が数多く巣立っていった。地元名古屋だけでなく、つかこうへい、流山児祥《りゅうざんじしょう》、山崎哲、竹内銃一郎、麿赤兒《まろあかじ》、松本雄吉ら現在、第一線で活躍する多くの演劇人が公演に訪れた。

アングラと云えば、酒である。それも安くてうまい酒が必須条件である。近年、関西の演劇の評判がいいのは、関西には安くてうまい酒場が多いからである。ビンボーだが才能ある演劇人を支えるのはいつの時代もそうした、せんべろの店である。

七ツ寺共同スタジオ界隈《かいわい》は銭湯、安酒場、喫茶店、食料品店とアングラが暮らしやすい環境が揃《そろ》っていた。そうしてそれらの環境を遺《のこ》していたのが、戦前からつづく大須の街の人情であった。

中部地方唯一の常打ち演芸場である大須演芸場で中島らも、大村アトムと待ち合わせ。当初は私も一緒に演芸場をのぞいて身も心も軽くなったところでせんべろしようという心づもりだったが、お葬式が入り、宝塚のお寺から大須へ向かうことになってしまった。亡くなった友人も大須へはよく来ていた。葬儀からせんべろという一日になったが、これも渡世と演芸場へ向かうと、どこかでみたことのある芸人がウロウロしている。何と「いか八朗」であった。今は亡き酒仙芸人・たこ八郎の姿が一瞬脳裡《のうり》をよぎった。これもせんべろの神様のお導きであろうか。

芋ポテトとは何だろう

お年寄りの団体客に混じってらもさんとアトムが演芸場から出てきた。少しぼーっとしている。

「東京と大阪のお笑いの中間やね」

至極ごもっともな中島らもの感想を聞きながら西大須の居酒屋「木《こ》の実《み》」に向かう。前述の演劇人たちが共同スタジオに来るたび訪れた名物居酒屋だ。場所は七ツ寺共同スタジオのすぐそば。バス通り（大須通り）に面している。

大須には山本周五郎の時代劇に出てきそうな縄のれんの居酒屋「山田屋」、大提灯《おおぢょうちん》が目印の「末廣《すえひろ》」など古くからつづく名店が多い。老舗《しにせ》の店は閉まるのが早いのが難点だが、「木の実」は夜十二時ごろまで開いていることもあり、芝居の後の客も多い。

実はらもさんは過去二回、この店に来ている。一回目は一九八九年。七ツ寺共同スタジオで「中島らものアコースティックトーク」と題し、ライブをやった時。翌年は名古屋の演劇祭にリリパット・アーミーが参加したこともあり、らもさんは「木の実」の座敷（といっても十人も入れば満員だが）で北村想と対談している。今回はそれ以来の来店だ。

大村　何や、店の前にも品書きがずらーっと貼ってあるんですね。

若い頃は気がつかなかったが、表の看板の下に「お酒一本二三〇円」「ビール五〇〇円」と並んで「お刺身」「きも焼」「奴《やっこ》トーフ」など品書きが並んでいる。わかりやすい店なんである。店に入り、らもさんが忘れられない味というホルモンの味噌煮込みのどて（三〇〇円）を注文。らもさんとアトムは日本酒（清洲桜《きよすざくら》・二三〇円）、私はビール（大）をとりあえず。

小堀　らもさん、初めてこの店に来た時、ライブの前に呑《の》もう云うて、いきなり日本酒一升瓶で頼まはってな。

大村　ええ!?　本番前に軽く一杯のつもりなんでしょ。ふっこさん（わかぎゑふ）に怒られるやないですか。

小堀　ふっこちゃんもおったよ。らもさんはその前に大須の古道具屋で、矢沢永吉のシール貼ってあるバンジョーを買うてな。ええ調子で呑んでた。

大村　アングラの人がようけ来はったそうですが、ケンカなんかなかったですか?

小堀　なかったな。次の日もまた呑みに来るわけやから。

らも　ケンカしたら謝りに来て、また次の日も謝りに来て。

小堀　で、呑んでしまう。

どてが出た。赤味噌の甘みがほどよく、日本酒の冷やによく合う。キャベツがついてるのもうれしい。

らも　あ、やっぱり、うまいなぁ。

十年前と変わらぬ味である。七〇年代の頃は酒は確か百円そこそこだったと思う。アテもどてならどてだけ、じゃこおろしなら、じゃこおろしだけで呑んでいた。せんべろがぜいたくだった時代である。私らは店主を「オトーサン」、奥さんを「オカーサン」と呼んでいた。久しぶりということで名刺をもらった。「武藤さん」というのである。

開店三十八年目の今年、年内には市内の別の場所にも店を出すという。商売繁昌《はんじょう》で何よりである。

「これ、サービス」とオトーサンが枝豆を出してくれる。アトムがカメラを構える。

大村　ぼくなんかカメラさわるの何年振りかですよ。だいたい三人しかいないのに、三人の絵どうやって撮るんですか。

仕方がないのでたまたま居合わせた某誌のカメラマンに撮ってもらう。調子にのっておびただしい店内の品書きも撮ってもらう。

小堀　品書きに「芋ポテト」ってあるやろ。なんやろ云うて頼んだら、要するにジャガイモの素揚げやねん。（北村）想さんもおもしろがって「挽歌《ばんか》『R・Aブルース』」という芝居の中に出してるわ。

大村　東京のある店は「枝豆」と「冷凍枝豆」とメニューにあるって聞きました。

らも　この店は何か、みんなひとくせあるね。

若い頃は眼の前の酒と話す相手のことしかみていなかったのだろう。改めて店内を見るとオウムの置き物、ダルマ、よくわからない壺《つぼ》、巻貝と松ぼっくりの連なったもの、提灯、猫の写真などなど、これでもかというキッチュなオブジェに囲まれている。共同スタジオで公演する演劇のポスター、チラシも貼ってある。品書きはポスターやカレンダーを切ったものにオトーサンが手書きで書いている。「コマイ魚干物」「いなご」なんてのもある。

大村　トイレの表示があるんですけど、「トイレ右ｏｋｕ」って。「ｏｋｕ」だけローマ字なんですけど。

小堀　外人も来るからだろ。

大村　なるほど。

らも　そんなアホな。

らもさんが品書きに「ホヤ」（三〇〇円）を見つける。

らも　あっ、ホヤがある。

大村　いいですね！　ぼく、食べたことないんです。

らも　君は食べんでよろし。

大村　そんなこと云わんと。これ、中を食べるんですよね。外側は食べられへんのですね。

らも　栗《くり》と一緒や。

小堀　せんべろで一番珍しいアテが出たな。

大村　おいしいですわ。味で云うたら、モズクに近い。

小堀　何でやねん。

ああでもない、こうでもないとホヤをつまみつつ、日本酒をお代わりする。アトムがジャガイモの煮っころがし（約二五〇〇円）を頼む。〝約〟というのは、煮っころがしのように大皿にあるアテは頼む人の量によって値段を調整してくれるからだ。この日は大皿に「イカの煮つけ」や「鯛《たい》の頭の荒だき」があった。私は思いきって荒だき（五〇〇円）を注文。

酒のピッチもあがってきた。前回、「せんべろの良心」は京橋のパチンコ屋のトイレに流してしまったが、ここは古巣の大須だ。私としては、せんべろの原点は守りたい。日本酒に切り替え、調子が出てきた。

大村　知り合いの女の子がね。えらい年上の人に惚《ほ》れてしまってね。そのきっかけが本屋。待ち合わせに遅れてきた男がお詫《わ》びにここの本屋で何でも好きな本を一冊プレゼントすると。

小堀　ほう。やるやないか。

大村　女の子もアホな本、選べないやないですか。その緊張感というか、ドキドキ感にやられたんでしょうね。らもさんみたいに「ダイヤ買うたろか、毛皮買うたろか」ではアカンわけです。

小堀　らもさん、そんなん云うんですか。

らも　云うよ。「可愛い手ぇやな、ダイヤがええか、毛皮がええか、マンションがええか」。

小堀 「越後屋」やね。どこでそんな台詞《せりふ》覚えたんですか。

らも ○×社長（注・中島らもがかつてお世話になった会社の経営者。一対一なら誰にも負けない〝最強社長〟）。おれの知ってるうちで一番下品な人や。昔ふたりで道歩いとったらな、前から来るＯＬ見て、『ひゃーっ可愛いふくらはぎやな。いっぺん、ねぶったろか』。女の子、キャー云うて逃げた。

小堀 その時、らもさんはどうするんですか？

らも えらいことになりそうや。早《は》よう、この場を去らねばと。

大村 ぼくが知ってるうちではスケベ度の一番はらもさんですわ。

らも 何を云うとるねん。

立ち呑みもいいが、腰を落ち着けて呑める居酒屋のカウンターはアブナイ。話が知り合いの悪口になってきたら絶好調の要注意信号だ。またしてもせんべろはどこかへ行くのかと思ったら、らもさん、眠くなったのかホテルへ帰ってしまった。

オトーサンとオカーサンが出してくれたサービスのアテも残っている。らもさんとアトムと別れ、私はカウンターでひとり昔を思い出しながら呑むことにした。店の残りものをもらう「のら犬」や「のら猫」はよくいるが、その夜の私は、ただの「のら酔っぱらい」となったのだった。

（※「木の実」「山田屋」とも閉店になりました）

らもの
らっぱ呑み

いける酒

海外に行くときには免税店でワイルド・ターキーを買う。これは味がどうとかいう問題ではなく、単に量の問題なのだ。普通のバーボンは七二〇ccか七五〇ccだが、ワイルド・ターキーは一〇〇〇cc入っている。下品な奴《やつ》である。だがこちらにとっては、その下品さが頼もしい。

日本という国をざっと眺めてみると、これはもう酒屋だらけである。酒屋のない空間には飲み屋が建っている。こんな国にいてアル中になるなという方が無茶である。

その点海外にはリカー・ショップ、つまり酒屋が非常に少ない。おれのようなアル中には心寂しい風景である。だから海外に行くときには、量が多くて度数の高い酒を買って行くのだ。こんなことを心配しているのは飛行機の中でもおれくらいのものだろう。

昔、東京から大阪へ向かう新幹線の中でものすごい光景を見たことがある。四十歳ぐらいのサラリーマンだったが、その人は座席の前のテーブルにサントリーのまだ封を切っていない角瓶を、でんと置いていた。新幹線が発車すると同時に、その人は角瓶を飲み始めた。

新横浜あたりでその人は既に角瓶の五分の一くらいを飲んでいた。

「えらいスピードやな、大丈夫かいな」

おれは心配しながらも、うとうとと眠り始めた。ずいぶん眠っていたようで次に目が覚めたときには、列車は名古屋駅に着いていた。件《くだん》のサラリーマンを見ると、彼は既にボトルの五分の四くらいを飲んでいた。

おれはそのまままた眠ってしまった。

新大阪で目が覚めた。サラリーマンのボトルを見ると「空」であった。つまりこの人は東京から大阪までの三時間で、ウィスキーを一瓶、空にしてしまったわけである。

おれは色んな席で、色んな人とたくさんの酒を飲んできたが、これほどの酒飲みを見たのは生まれて初めてだ。この人なんかは海外に行くと、酒屋がないのでさぞ苦労するだろう。

ところでおれの買ったワイルド・ターキーは、ほぼ三日でなくなる。あとは地元の酒屋を何とかして見付け出し、その土地の蒸溜酒《じょうりゅうしゅ》を分けて貰《もら》うしかない。たとえばタイ、ベトナムでは容易にウィスキーが手に入る。

ベトナム産の「メコン・ウィスキー」である。これは悪夢のような酒だ。金属の味がする。ホテルに戻ってこのメコン・ウィスキーを啜《すす》っていると、しみじみ、

「もう酒なんかやめようか」

と、真剣に思ったりする。

それでも次の日には起きがけに一口あおって、その日の仕事に出かけたりするのだ。

中国は酒の宝庫なので、飲むのに困ったりすることはない。困るのはスリランカあたりである。ここにはあまり度数の高いスピリットがなくて、あるのは「アラック」ぐらいである。これはヤシ酒を蒸溜したものので、味はなかなかいける。ラム酒に似た味わいだろうか。アルコール度数も三十度くらいはある。

色んな国で、色んな酒を飲んだが、ビールが十五、六度くらいあればそれが一番いける酒なのではないかと思う。

その五
「安い うまい タダい」の三冠王
神戸・新開地

「私も、こよなくお酒を愛するひとりなので、この連載を読んでいると、本当においしそうで、楽しそうで、ついつい呑《の》みたくなってしまいます。（中略）これからも、体に気を付けて、せんべろに挑戦してください」

新潟の小池浩子様、あたたかい、はげましのお便り、ありがとうございました。そうか、せんべろは「挑戦」でもあったのか。らもさんと私には「行《ぎよう》」のようなものだが、せんべろ探偵・大村アトムには趣味と実益と生活の三位一体である。日々せんべろするアトムの綿密な調査の結果、私らは神戸の新開地に的をしぼった。

大阪の新世界同様、新開地は戦前の神戸を代表する盛り場だった。明治二十九年から湊川《みなとがわ》の埋め立てが始まり、〝新しく開かれた土地〟が「新開地」と呼ばれるようになった。神戸港にほど近く、色街・福原に隣接した新開地には茶店や露店が並びはじめ、明治四十年には相生座《あいおいざ》が、その後は錦座や聚楽館《しゆうらくかん》など豪華劇場が次々と開館、最盛期は二十四館も劇場があった芝居の街としてにぎわったという。大正時代に入ると、活動写真の出現により、映画館が誕生。封切りが大阪よりも早かった新開地は客を集め、今度は映画の街として栄えるのだが、一九四五年の神戸大空襲で一瞬にして焦土と化す。

戦後は市役所や新聞社が三宮に移ったことや、邦画の衰退も重なって新開地はしだいに盛り場としての力を失っていく。そして一九九五年の阪神・淡路大震災。新開地も神戸の他の地区同様、大きな被害を受けたが、そこは関西人のしぶとさか、往年の盛り場の心意気か、いち早く呑み屋やファッションヘルスがオープンしていたのには驚いた。現在は小劇場やギャラリー、ミニシアターを持つ文化の複合施設・神戸アートビレッジセンターが若者を集めるなど、徐々にだが、「新・新開地」が出来つつある。

新開地はJRや阪急でも行けるが、せんべろ探偵としては庶民の電車、阪神電鉄で行きたい。阪神の梅田駅に集合し、陽の高いうちから呑もうと十四時四十分発の姫路行き特急に乗りこむ。新開地まで四百三十円ナリ。今回は近場ということもあり、初めてイラスト担当の長谷川義史くんも同行。車窓から入る秋の陽差しが心地良く、スケッチブック片手の長谷川くんはというと、とても今からせんべろに行くようには見えない。長谷川くんは家を出るとき、何と云って出てきたのだろうか。またひとり、せんべろ探偵が生まれてしまった。

せんべろの時は二日酔いが多いらもさんだが、今日は節制に努め体調を整えてきたとかで、いつになく元気がいい。

アトムは「ぼくの顔、もっと細く、男前に描いて下さい」と長谷川くんに注文をつけている。気持ちはわかる。バカ話をしているうちに、あっという間に新開地に着いた。

ついに仰天の名店を発見

神戸高速鉄道の新開地駅を出て、商店街を湊川公園の方へ向かうとほどなくパチンコ屋の向かいに目指す店「赤ひげ」（姉妹店）が現れた。赤提灯《あかちょうちん》が並び、茶色のノレンに白抜きで「赤ひげ」とある。「さあ、どこからでも（と云っても入口は一つだが）入ってくれ！」という店構えが頼もしい。

午後三時四十分、店内に入るとすでに客は七割の入り。十人と十七、八人が背中合わせに座れるカウンター、八人掛けのテーブルに四人掛けのテーブルが二つ。ちょうど奥の四人掛けがあいていたので私らはそこに腰を落ち着けた。すでにデキあがっている初老の二人連れがいるかと思えば、幼な子を間に刺身で一杯やっている若夫婦がいる。ダンナの頭は紫の短髪だ。いい味である。私らの後ろの席は茶髪にピアスの若者（こう書く私のオヤジ度が情けない）三人組だ。「ガム嚙《か》んでサケ呑んだら、サケの味せえへんで」――実験的な会話が聴こえてくる。

大村　とにかくココは安いんですわ。

みるとアテに一〇〇円台が多い。この日は、ハマチの造り一九〇円、甘えびの造りも一九〇円だ（普段は二五〇円）。調子のいいらもさんはビールを注文。ビールも大瓶四一〇円と安い。つき出しは小松菜のおひたし（一五〇円）だ。
大村　びっくりするくらいのオススメがマグロの変わり焼きですわ。二本で何と六〇円！　とりあえず、これいきましょう。
らも　おれはトリの唐揚げ。
大村　ちょっと待って下さい。それナンボですのん？
らも　知らん。
大村　値段見てから云うて下さいよ。三五〇円もするじゃないですか。
小堀　しかし、その三五〇円が一番高いみたいやで（ふぐの唐揚げも同じ三五〇円！）。ここは凄《すご》いで、わしは切り干し大根（一五〇円）と冷奴《ひややっこ》（一二〇円）もらうわ。
アトムが自信を持ってオススメする件《くだん》の「マグロの変わり焼き」も四人前注文する。何と!?　マグロの切身（血合い）を塩コショウして焼きあげたものが、ひと串に三つある。つけあわせにゆでたモヤシも少しだが、ついている。
長谷川　これ、うまいですわ。二本六〇円いうことは、一本三〇円やないですか。
長谷川くんが至極アタリマエな事実にコーフンしている。今日は〝せんべろの良心〟も〝原点〟も守れそうだ。ついでに借金も返せたりして。調子づいた私らはビールから日本酒の冷や（二八〇円）に切り替える。若い店員がコップに一升瓶から目一杯注いでくれる。ゼイタクを云えば、コップの下に小皿を置いてほしいところだが。

らも　お銚子《ちょうし》の横も底もへこんでるやつあるやろ。料亭とかで出るやつ。あんなん嫌いやね。こういう店でそんなお銚子やったら怒られるやろね。

小堀　暴動になるな。七勺《しゃく》くらいしか入ってないし。

大村　だいたい、そんな変形のやつって洗いにくいやないですか。やっぱりコップがいいですよ。

コップ酒片手にマグロの変わり焼きをほおばりながら話がはずむ。

小堀　らもさん、神戸で遊んでた頃、新開地へもよう来はったんですか。

らも　いや、一回だけ。二十歳頃かな。友だちが新開地に住んでてな。遊びに行こうとさっきの新開地の駅降りた瞬間、労務者のオッチャンに「兄ちゃん、ワレ、なんどいや（何者や）!?」って怒られて。

大村　何か怒られるようなことしたんですか。

らも　何にもしてへん。ただ立ってただけ。髪の毛、腰まで伸ばしてたからかな。

大村　メンチ切った（関東で云うところのガンヅケ）わけでもなく?

らも　うん。

小堀　肩ぶつかったわけでもなく。

らも　うん。根源的な質問でしょ。「ワレ、なんどいや」。

小堀　うん。哲学的やね。

らも　わかれへんやん。「自分が何者か」なんて。困ったなと思ってたら、迎えに来てくれた友だちが「堪忍したって、こいつアホでんねん」って云ってくれて、そしたらオッチャンが「アホか、アホやったらしょうがないがな」云うて去って行きはってん。

小堀　なるほど。

らも　あれは三宮。ええ友だちやね。神戸では乳もまれたこともあったでしょ。三宮の裏手にラブホテルとかいっぱいあるとこがあって、そこのキャバレーの呼び込みに「ニイチャン、ヒッピー席あるよ」とか云われて、ホンマかいなと思ってたら呼び込みにいきなり乳もまれた。

大村　ヒッピー席なんてホンマにあったんですか？

らも　あるかいな。

小堀　あったらオモロイな。桟敷にゴザとか敷いてあってな。

斯様《かよう》にらもさんにとっては思い出深い、神戸の街。「赤ひげ」の客も増えてきた。店長さん曰《いわ》く朝は十時五十九分から開けているという。閉まるのは午後十一時一分（水曜定休）だ。「一分」ずつのサービスがウレシイ。

小堀　長谷川くんも酒好きやね。病院抜け出して酒呑みに行ったことあったやろ。

長谷川　自分やなしに、子どもが熱出して入院してて付き添ってたんやけど。どうしても酒呑みたくなって病院抜け出して、走って近所の呑み屋入って。ビール一本と酒一本呑んで、また走って帰った。帰る途中に紙パックの酒まで買うてしもうて。牛乳みたいな小さいやつあるでしょ。

らも　え、そんなんあんの？

小堀　知らんかったですか？　紙パックで一合入っててストローついてるやつ。わし、野外劇みる時はいつも持って行ってる。

大村　寒いですもんね。

長谷川　あれ、燃えないんで、キャンプの時、たき火の側《そば》に置いておくと燗《かん》も出来る。

小堀　昔、ワンカップに小さな塩昆布二枚ついてるのあったな。確か、忠勇《ちゅうゆう》やった思うけど。あれはうれしかったな。わし、いつも山に持っていってた。

大村　野外劇は紙パックで、山は塩昆布つきワンカップですか。ええサービスですね。話の内容も〝せんべろ〟になってきた。調子が出てきた私らはまだまだ余裕があるので、アテを追加注文する。

小堀　わし、酒、ぬる燗にするわ。あと、玉ひもの煮つけ（一五〇円）と思いきって鯛《たい》のかぶと焼きいくわ。一九〇円やで、鯛のかぶと焼きが。

店員が酒が七分目ほど入ったコップを持ってきた。ぬる燗は少し割り高なのかしらんと思っていたら、コップに一升瓶から冷や酒を注いでくれる。熱燗に冷やをつぎ足してぬる燗を作ってくれるのだ。

大村　心づくしのサービスやないですか。小堀さんは最初、ちょっと損やと思いはったでしょ。

小堀　うん、わしが悪かった。

ぬる燗はほどよい温《ぬく》さである。鯛のかぶと焼きが来た。大きな鯛の頭がドーンと来た。

大村　うわ、これ凄い、安すぎる。これはせせりがいがありますね。

小堀　これで一九〇円は、カンドーもんやね。

長谷川　う、うまいですわ。ええなぁ、ここ。

らも　あーっオメコしたい！

すっかり出来上がり、ハイテンションになったらもさん、今度は唄い出す。

らも　ほーたーるのひーかーり、ぎゅぎゅぎゅーんぎゅい、ぎゅいん。

大村　らもさん、二日酔いくらいの方がええですわ。

らも　よし、唐揚げやめよ。

オーダーはしたが、まだ来ていないトリの唐揚げをらもさんがキャンセル。これで益々《ますます》、〝せんべろ〟に近くなった。

らも　今朝は豚まんを二つ食べてきた。

大村　今日は体調もいいいし、頭も冴《さ》えてるし。

らも　ババも出たし。あーっオメコしたい。

大村　ほんなら、ストリップ行っときますか。

らも　ストリップ行って、舞台に上げられる気持ち、君にはわかるまい。
大村　らもさん、上がったことあるんですか？
らも　あるよ。
小堀　で、できたんですか？
らも　できるわけないよ。「上がる人いないか？」って声がかかったんやけど、誰も上がる人いなくて。そしたらおれ、いきなりヤクザからフルネルソンかけられて無理やり舞台へ押し上げられてしまった。そしたら、女の子に「いらっしゃい」云われて。そこまでいったら仕方ないやん。ズボン脱いで、パンツ脱いで、オシボリで拭かれて。ほんで「くっさぁー」いうギャグ云われて。
大村　そういう、おきまりのネタがあるんですね。くすぐりが。
らも　上も脱いで、素っ裸になって、丸い舞台の上や。パッと上見たら天井に鏡があんねん。わしの裸が映ってんねん。それみたらチンチンちぢこんでしもて。お客さんに申しわけないから「ご無礼しました」って帰ってきたんや。
大村　いくつの時やったんですか？
らも　二十六歳の時や。
小堀　らもさん、若い頃は乳もまれたり、ストリップに上げられたりタイヘンやったんですね。

気がつけば午後の五時半。またしてもいい調子で呑んでしまった。向かいの席の初老の二人連れはもうだいぶんと壊れかかってきた。その横は品のいい老夫婦が座っている。店内はもう満席だ。常連さんの邪魔をしてはいけないと私らは店を出ることにした。今日は四人だから「四千円でせんべろ」だ。アトムが「やりました、四千三百三十円ですー！」と報告。あかんやないか、三百三十円オーバーやないかと思ったが、これだけ呑んで、マグロに鯛まで食ってこの値段なら充分〝せんべろ〟だろう。

「こんなん、せんべろの誤差の範囲やで」と私らは〝せんべろ誤差〟というルールを勝手に作り出し、ごきげんさんで新開地を後にしたのだった。

らもの
らっぱ呑み

説教酒

春がくると、大学生がよく死ぬ。〝一気飲み〟という例の悪習のせいである。

一気一気というかけ声に乗せられて、まだ酒慣れしていない少年少女がバカみたいな量の酒を一気に飲まされる。大人でも引っくり返るような量の酒をだ。

当然少年たちは白目をむいて引っくり返る。

これを見て、また仲間たちがやいやい言って、はやしたてるのだ。

中でちょっと知ったかぶりの奴《やつ》が「これは外へ出して冷やしてやらなければだめだ」というので、みんなでかついで路上に放り出す。少年は急性アルコール中毒で死ぬ。こういうときには温めてやらなければいけない。それほどの知識すらない。

子供を大学にやるまで育て上げた御両親の心中を察すると、こちらも胸が痛む。

おれが初めて酒を飲んだのは、高校の修学旅行の島原の宿であった。気のきいた奴が一升壜《びん》を一本仕入れて来た。四人部屋であった。自然と酒盛りをやろうという運びになった。四人で車座になって旅館の湯呑《ゆの》みで飲み始めたのだが、どうも今一つ盛り上がらない。

一人がこういうことを言い出した。

「普通、酒盛りというと肴《さかな》というものがいると思うのだが」

「そりゃそうだ」

というので一同が自分のバッグを探し始めた。

結局、みやげに買っていたパイナップルが一個ゴロンと出て来た。一同は〝うーむ〟と唸《うな》って〝まぁ、これでもいいか〟と、パイナップルを肴に酒盛りを始めた。

三合目までは覚えている。その後おれは一升壜を抱えたまま、押入れの中にたてこもって酒を飲んでは〝がるるるるる〟と唸っていたそうだ。

そこへまずいことに体育教師の〝パンチ〟が見廻《みまわ》りにやって来た。パンチは押入れの中のおれに向かって、

「おい中島。出て来い」

と言った。それに対しておれは、

「やかましいわい、この安月給」

と叫んだそうだ。

パンチは苦笑いしておれを押入れから引きずり出し、まずトイレに連れて行き、そこで思いっきり吐かせた。もう吐くものがないと見てとると、今度は手洗いの水をいやというほど飲ませた。そしておれを部屋に連れて帰ると、同室の者たちに、

「温かくして眠らせてやれ」

と言って去っていったそうだ。

こういう人物が今の管理教育の中では欠けている。

欠けているから大学生がコロコロ冬の路上で死んでいくのだ。

あれれれ。今日はちょっと説教酒になっちゃったかな。しかし大事なことなので言っておく。こんなばかなことで命を落とさないように。

その六
下町に息づく老舗
東京・南千住 北千住

『下町酒場巡礼』（四谷ラウンド。現在はちくま文庫）という快著がある。大川渉《わたる》、平岡海人《かいと》、宮前栄《さかえ》の三人の酒呑《の》み先達が東京の下町、個性あふれる酒場全四十六店を呑み歩いた探訪記である。

冬の昼下がり、ひとり事務所でぽつねんとしていると、『下町酒場巡礼』の背表紙が眼に入った。頁《ページ》を繰ると、「煮込みには焼酎が似合う」「店構えに吸い寄せられて」「泪《なみだ》橋《ばし》は今宵もふけて」ｅｔｃ。うーん、格調高い。そう云えば、私らはまだ東京でせんべろをしていない。横浜は黄金町でがまに呑まれたのが唯一の関東遠征であった。

季節は冬。東京の下町で安酒を呑みながらしみじみするのも悪くない。大阪では、しみじみしたくてもできないのだ。立ち呑みで呑んでると横の見知らぬオヤジがいきなり、「どや!?」と聞いてくる。「どや!?」と聞かれたら、「ボチボチでんな」もしくは「アカンがな」と応えるしかない。たまにはやさしく「どうですか？」と聞いてほしい。東京の下町酒場なら、そんなやさしさがあるのではなかろうか。『下町酒場巡礼』のモノクロームの装丁が私をセンチメンタルにさせるのだった。

横浜・黄金町で私らと同じく、がまに呑まれながら奇跡的に生還し、文藝春秋で日夜、編集業務に勤《いそ》しんでいる和賀さんに「この冬は東京の下町酒場でしみじみしたい」と電話すると、「それなら南千住《みなみせんじゅ》です！」と確信犯的な一言。『下町酒場巡礼』にもモチロン載っている、東京せんべろの王道、南千住は「大坪屋《おおつぼや》」に誘うのであった。

南千住で門前払い

私らせんべろ三人組は上野に宿をとり、出迎えてくれた和賀さんの案内で地下鉄日比谷線に乗り、南千住へと向かう。

南千住は大阪で云えば新今宮か。新今宮が釜ヶ崎の入口にあたるように、南千住は山《さん》谷《や》の入口にあたる。人民の海、未組織労働者の街である。

目指す「大坪屋」は南千住の駅のすぐそばにあった。「創立大正12年」とあり、「夕刊フジでおなじみの店」と表に出ている。「牛にこみ」「まぐろブツ」「おでん」がそれぞれ二〇〇円と品書きが表に書いてあるのもいい。

午後四時半。外観を撮影してから店内に入った。まだ客はまばらである。テーブル席にしようか、カウンター席に座ろうかと迷っていると、ママさんが、「アカンよ。帰って」

私が、「え、あいてるやないですか」と云うと、「アカンの！」のダメ出し。

以前に何度か来たことがあるという和賀さんも困惑している。
店の写真を撮ったのがいけなかったのか、私らは門前払いをくわされてしまった。
大阪のノリと同じで気安く来たのが悪かった。いきなりのカウンターパンチをもらった私らは店を出て仕方なくトボトボと歩き出した。

らも　わしらがヤクザに見えたんやろか。

小堀　え、わしらフツーやで。

和賀　とんでもナイ!!

私らのこの日の出で立ちは、らもさんが黒のセーターにグレーのジャケット、黒のサングラス。アトムは白のシャツにグレーのジャケット、うす紫色の帽子。私はチェックのシャツにブルーのジャンパー。総じて皆、衣類はヨレヨレ系である。おまけに、らもさんは睡眠薬がまだ完全に抜けないのか、足元がおぼつかない。アトムと私はヒゲ面にギョロ眼である。

和賀　皆さんはフツーと思っているか知りませんが、この中でマトモにみえるのは文藝春秋に勤めている私だけです。小堀さんは山谷に潜む関西系の活動家。らもさんはシャブ中。アトムさんはシャブの売人で、しかも小堀さんのバック。大正十二年創業の老舗《しにせ》のママさんゆえ、さすがにヒトをみる眼がある。私、感服いたしました。
道路をはさんで向こうには小塚原《こづかっぱら》回向院《えこういん》がある。その昔、刑場があったのだ。冬の日暮れは早い。身から出たサビ、自分らの非とはいえ、さ迷える私らの魂はどこで弔ってもらえばいいのだ。途方に暮れていると、すっかり元気になった（立ち直りが早い）和賀さんが「北千住へ行こう」という。

北千住は南千住からひと駅だが、南千住とは随分と趣が違う。同じ日光街道の宿場町だが、北千住は東武伊《い》勢《せ》崎《さき》線と地下鉄日比谷線が交差する一大ターミナルになっており、人の出入りも多い。南千住とは一転、にぎやかな商店街を通り、その名も宿場町通りに入ると和賀さん大推奨の名店「大はし」があった。

北千住の名代　牛煮込み

ガラス戸に紺のノレンに白ヌキで「大はし」。ノレンの端に「キリンビール」の白ヌキがなかったら何の店かわからないだろう。余分な装飾は一切ない。店に入ると三十人ほどが座れそうなコの字形のカウンターはほぼ満席。四人掛けのテーブルが一つあいていたので腰を落ち着ける。

『下町酒場巡礼』でもその客さばきが絶賛されていた初老の店主と息子さんの二人が切り盛りしている。カウンターの奥に「名物にうまいものあり北千住　牛のにこみでわたる大橋　千住名代　牛にこみ　肉とうふ」と書かれた紙がぶら下がっていた。責め絵師・伊藤晴雨《せいう》の作だとか。明治十年創業なんである。私らも名物を頼もうと牛煮込み（三二〇円）と煮込み豆腐（三二〇円）を注文。五〇〇円はちょっと痛いが、この際だからとビール（大）も二本注文。

小堀　渋くて活気がある、ベーシックな居酒屋やね。

大村　そば屋っぽくないですか。

らも　めし屋ゆう感じかな。

私らの奥の席では品のいいおばあちゃんが息子（婿？）とその嫁（娘？）らしき二人と日本酒を呑んでいる。アテは焼魚のようだ。地元の常連さんなんだろう。この日は土曜日だったが、休日の晩酌であろうか。おばあちゃんの煙草《たばこ》ケースがお洒落《しゃれ》な布地なのが可愛い。ええ感じやなとビールをあける。マテ貝の酒蒸し（五五〇円）も思いきって頼んでしまう。

品書きをみると、ぶりとひらめの刺身が五〇〇円、「昔なつかしいあげだし」というのが三七〇円、赤貝の肝わさ二五〇円なんてのもうまそうだ。だが、私らせんべろにはちと高い。和賀さんは、黄金町の時同様、「何とかなるでしょう」との明るいお言葉。ほどなく、名物の牛煮込みと煮込み豆腐が来た。

大村　うまそうですね、量もけっこうあるし。

小堀　これ、モツやなしに牛肉や。やらかいで。

らも　あ、牛肉食べてしもた。

小堀　らもさんらしくもない。牛肉絶ちしてはったんですか。

らも　うん。

大村　豆腐だけ食べはったら。

らもさん、肉汁がたっぷりと沁《し》みこんだ豆腐をアテにビールを呑む。肉を食べているのと、ほとんど変わりないと思うのだが。牛肉の煮込みも豆腐も甘辛い醬油《しょうゆ》味が酒に合う。関西にはない味である。

和賀　マテ貝が来ました!!

黄金町の色街を通ったときもコーフンしていた和賀さんだったが、ここでもマテ貝に異常にコーフンしている。熱した小鍋にマテ貝が三つ、ゴロンとのたうっている。その姿は往年の山口瞳先生の名エッセイのタイトルそのままである。

大村　生まれて初めて見ました。

らも　昼間は砂の中に潜ってて、夕方になったらニューッと伸びてきてエサとるんや。

小堀　貝は普通、女性っぽいですけどね。

らも　そやなあ。何でやろ。

大村　ぼく、マテ貝パスします。見た目がグロテスクですから。

小堀　ほんならわしが二本食うわ。「二本」いうとイヤらしいか。

およそ、名店に似つかわしくない下品な話をしてしまう。どうやら、東京でも〝しみじみ〟できそうにない。ビールから切り替えようという段になって、和賀さんが「是非ともここの焼酎を呑んで下さい」と云う。

焼酎のボトル（四合瓶）を頼むと出てきたのが、その名も「亀甲宮焼酎《きっこうみや》」。ライトブルーのラベルに金印で〈宮〉の字。純良焼酎とあり、度数は二十五度だ。三重県楠町《くすちょう》にある宮崎本店の名品である。

そう云えば、南千住の大坪屋の看板にも同じ〈宮〉のロゴマークがあった。『下町酒場巡礼』によると東京の下町にはおなじみの焼酎だとか。関西ではまず見ない。瓶はオシャレで可愛いし関西で出したら若い娘にウケると思う。「大はし」では梅シロップと氷＋水がセット（一二五〇円）になっていた。

大村　皆さん、梅シロップ入れますか？

らも　入れない。

小堀　うん、ちょっと入れて。

らも　おれはその赤いの入れて。

大村　何やらもさん、入れるんやないですか。

らも　うまいな。

小堀　呑みやすくなるね。上品やね。香りもいいから女の人にも呑みやすい。

らも　べろべろに酔わせて、ひっひっひ。

らもさんがその気になるのも無理はない。この焼酎は伊勢・鈴鹿川《すずかがわ》の伏流水を使っているとかで実に口あたりがまろやかである。

大村　ここは客筋がいいというかマトモですよね。

らも　うん。壊れた人がいない。

気がつくと店内は超満員。入口には席があくのを待つ客が四人、丸イスに座っている。

小堀　店の中で客が待ってるのはプレッシャーになるな。

大村　大阪ではラーメン屋やお好み焼屋ではあっても居酒屋ではないですよ。

やはり、こういうお店では長居はよくない。一時間ぐらいがちょうどいい。勘定をしにいこうと席を立つと奥のお客さんから「オール讀物読んでますよ」と信じられない声が掛かる。それも妙齢の女性である。うれしいような恥ずかしいような。探偵姿をみられてしまった。

探偵姿をみられては仕方がない。お客さんと店の人に礼をして足早に店を出る。勘定は四千八百六十円なり。こうなったら勢いでもう一軒行くしかない。駅のそばがアヤシイと私らは駅前の路地へ入った。するとパチンコ屋の向かいに紫のノレンが揺れている。しかも「関西風」「串カツ専門店」「御勤め御苦労様」「今日も串カツで一杯」の強烈コピー。一瞬、ここは大阪かと思ってしまった。店の名前も「天七」である。大阪には天神橋筋一丁目・通称「天一」から同六丁目「天六」まで日本一長いアーケードの商店街がある。まさか、東京の北千住にその先の七丁目が飛び地しているとは思わなかった。もう入るしかない。

店内はコの字形のカウンター、立ち呑み形式。串カツは牛も豚もだいたいひと串一二〇円。アジ、エビ、レンコンが一五〇円だ。大阪と同じように「ソースの二度づけお断わり」とある。串カツにはビールだろうとビール大（四五〇円）を注文。店名の「天七」は店員によればオーナーの名前だという。開店してかれこれ三十年というだけにいい味を出している。

和賀　こういう店に来ると東京って感じがしないですよね。

小堀　でもやっぱり違うよ。客の温気《うんき》みたいなものかな。ここにも崩れた人がいてない。

らも　大阪は壊れた人が多いからな。

大村　東京の店は社会人の方が多いですしね。

小堀　品書き見て油断できないのは、串カツは一本の値段やからな。二本単位で出てくるわけや。わしらは神戸・新開地の「赤ひげ」のマグロの変わり焼き二本六〇円が基本になってるんや。

先ほどの「大はし」ではすっかり、せんべろを忘れていたくせに、立ち呑みになった途端、せんべろの原点を思い出してしまった。

小堀　ここの店はお客一人ひとりのスペースがしっかりと確保されてるやろ。大阪やったら、この二倍は客入るな。

らも　ダークスタイルになっててね。

小堀　そう、立ち呑みはやっぱり斜め右から肩を入れるダークダックススタイルが正しい。

何が正しいのかよくわからぬが、「関西風」に気をよくしたのか、私らはすっかりここが北千住だということを忘れてしまった。日本酒の冷や（二二〇円）に切り替え、お新香が串ざしになった変わり種も頼んだりして気がつけば六千三百七十円。

二軒目というのに、つい立ち呑みの気やすさか、呑みすぎかつ食べすぎてしまった。やはり、串モノは二本ずつ出るので油断がならないのだ。

らものらっぱ呑み

ビールの話

最近少しずつビールが好きになってきた。がむしゃらに好きとかそういうことではなくて、本当に少しずつ好きになりつつあるのだ。まあ例えていえば一部屋に市原悦子と閉じ込められている。最初はキャーキャー言うので困るのだが、やがて少しずつ好きになっていく、そんな感じだ。

若い頃はビールは飲まなかった。というよりは、高くて飲めなかったのである。それで安い日本酒ばかり飲んでいた。飲み始めた頃はビールが三百五十円くらいで、酒は百二十円だった。だからビール一本飲むよりは、それで三合分の酒を飲むほうが良かったのである。

四方が大きくへこんだお銚子《ちょうし》では、六勺《しゃく》くらいしか入っていないが、それでも三本も飲めば、いささかほんのりとしてくる。七味唐辛子をつまみにしたり、飲んだ後ランニングしたり、我々フーテン一同は酔っぱらうためにありとあらゆる努力をした。だからビールを飲むなんてことは「罪」だったのである。そしておれはビールに対して憎悪のようなものを抱いていた。

「とりあえずビール」

ということを飲み会の頭でよく言うが、あれも大嫌いだった。社会に出ても日本酒党を貫き通したので、まわりからは「酒飲み」「大酒飲み」「底なし沼」などとのありがたい呼び名を頂いたが、若い頃の習性というのはなかなか変わらない、変えられないものである。たまに肉体的にしんどい仕事を終えた後に飲む一杯のビールは、苦みの底に不思議な甘みをたたえていて、そう

いうときには、

「お。うまい」

　と思うときがある。しかしそれも最初の一口までであって、心はすでに日本酒のコップ酒が届くのを待ちわびている。それがどうしたことだろう。昨年の夏あたりから少しずつビールに対して心を許すようになってきた。まだまだ量は少ないが中ジョッキ一杯くらいは飲めるようになった。こんなことを言うと故・アンドレ・ザ・ジャイアントに笑われそうな気もする。

　アンドレは移動バスの中で缶ビールを百四十四本飲み、その後ワインを四ガロン（普通の瓶の三十本くらい）飲み、その後で五分間小便をしたという。飯はそれほど喰《く》わなかったようだ。

　おれは思うのだが、肥満児童というものがいて、彼等は一日中コーラばかり飲んでいる、ビール党も同じことなのではないだろうか。あの舌にきついシュワシュワッとした感じがたまらないのだろう。

　おれは今まさにそのシュワシュワッの王国へたぐり寄せられようとしている。そういえば最近下腹が出てきた。小説家だからお腹出てよろしいのよと言ってくれる女性は一人もいない。

　そしてまた今夜もやけビールを流し込む。

その七 居酒屋界のニューウェイブ

東京・茅場町 赤羽

今回は、私らには似合わないインターネットで、せんべろ情報を仕入れてしまった。らもさんも私も今や絶滅寸前、手書き（らもさんは眼を悪くした時は〝口立て〟であった）アナログ人間である。私なぞは、出版社をまわっては、いらなくなった原稿用紙を自主的に回収し、一本百円のシャープペンシルでヒーヒー云いながらマス目を埋めているのだ。

そんなわけでパソコンなどもってのほか、インターネットなど二十一世紀の話だと思っていたら世間はとっくに二十一世紀になっていた。さすがにらもさんの豪腕マネージャー・大村アトムは違う。時代に乗り遅れまいと日々、パソコンを駆使し、異次元に飛びかう膨大な情報を検索しているのだ。

ある日アトムが「立ち呑《の》み」で検索すると、「居酒屋礼賛」というホームページがあった。単身赴任のサラリーマンらしき人が毎月、あちこち呑み歩いた「酒場日記」を公開しているのである。私らはプロのせんべろ探偵であるが、この「居酒屋礼賛」の御仁はシロウトさんである。堅気の人が「呑み歩き」を公開するとは、インターネットは、げに凄《すご》いのうと感心しつつ読むと、これがなかなかよく書けている。この方は屋台や立ち呑みの、せんべろもお好きなようだが、一方で赤坂のバーにも行かれてマッカランの十八年なんかもお呑みになっておられる。いわゆる、いい酒いい店が好きな人なんだろう。守備範囲が広いのもいい。

せんべろのためなら手段を選ばない私らはちゃっかり「居酒屋礼賛」のデータをインプットし（早い話がアタリをつけ）東京へ向かった。目指すは立ち呑み名店のハシゴである。

ビジネス街に潜む自販機呑み屋

東京駅八重洲口《やえすぐち》から歩いて約十五分。大阪なら淀屋橋《よどやばし》か北浜あたりか。証券の街、兜町《かぶとちょう》にほど近いビジネス街・茅場町《かやばちょう》。底が見えない不景気の昨今は静かなもんだが、バブルの頃は凄かったらしい。証券マンの昼食はいつもウナ重、株価のウナギ登りに合わせて、ウナギ屋も大繁昌《だいはんじょう》。ずいぶんと脂ぎった街だったらしい。今、そんな面影はどこにもない。ウナギ屋どころか、とても立ち呑みがあるようには思えない。私らは立ち呑みというと、大阪は京橋に代表される、猥雑《わいざつ》な喧騒《けんそう》を想像するのだが、この静かな街にはたして、立ち呑みの名店があるのかしらん。

「え、ホンマにあるんか？　立ち呑みは京橋やで」と歩き疲れて関西人モードのガラ悪度がレベル6まで上がった私に「そこですわ。霊岸橋《れいがんばし》ゆうのがありましたから。確か橋の手前、右入ったとこですわ」と大村アトムの一声。

夕方七時をまわった頃。気がつけばあたりはまっ暗。陽の落ちた寂しいビジネス街に場違いな大提灯《おおぢょうちん》があった。

提灯には「焼とり　銘酒コーナー　ニューカヤバ」の文字が。一階がガレージになった、小ぢんまりとした二階建ての建物。車の前にかかっている大提灯を見ても常連じゃないと「呑み屋」とはとても思えない佇《たたず》まいである。大提灯横の貼り紙には「かみます犬にさわらないで下さい」。犬が苦手な私は思わず帰ろうかと思ってしまった。幸い犬は来ず、ガレージの奥、縄ノレンの掛かったガラス戸を開けると、ビジネス街のオアシス、「ニューカヤバ」があった。

客はこの辺りのサラリーマンの人がほとんどなのだろう。みんな「仕事帰りに職場の仲間と一杯やりにきました」という感じで、丸テーブルを囲んで静かに呑んでいる。

カウンターに小皿に入ったアテが並んでおり、酒もアテも完全キャッシュ・オン・デリバリー。ビールケース（冷蔵庫）からビールを抜きとり、コップ置き場からコップをもらい、カウンターでお金を払って丸テーブルにつく。テーブルの真ん中には灰皿が埋めこんであり、フローリングの床には吸いがらひとつ落ちていない。

小堀　しかし、客筋が上品やね。

大村　今、焼き鳥焼いてますわ。あと、酒の自販機にも挑戦しましょうね。

初めてキャンプに行った子どもみたいにアトムがはしゃいでいる。それもそのはず、焼き鳥（普通の焼き鳥とつくねがある。一本一〇〇円）は皿にのったものをカウンターで買ってきたら、後は炭火コーナーに持っていって、自分で焼くのである。私らは炭火コーナーのそばの丸テーブルに陣取ったので、アトムがいちいち、焼き鳥とつくねの焼きぐあいを見に行っている。

らも　呑んでて夢中になると焦がしそうやね。

大村　でも、焼くの楽しいですわ。

焼き鳥もセルフサービスなら、ここは酒も凄い。ビールは冷蔵庫から出すのはわかるとしても、日本酒も焼酎もウイスキーも自販機から直接、買って呑むんである。料理のあるカウンターと反対の壁側に、ビジネスホテルにある冷蔵庫ぐらいの可愛い自販機が並んでいる。客はそれぞれの自販機の下にコップを置き、百円玉を入れると酒が注がれる仕組になっている。日本酒は大関と白鷹《はくたか》、焼酎は芋の白波と麦の壱岐《いき》、ウイスキーはトリスである。

大村　ぼく、焼酎挑戦してきますわ。

アトムが百円玉を握りしめ、麦のお湯割りをつくってきた。ちゃんとお湯の入ったポットが置いてあり、客は自分の好みに割るのである。ちなみに氷と水はカウンターにある。

大村　ちょっと焼酎の量が少ないのが残念ですが、こういうのも楽しいですね。らもさんと私はビール。最近になって、らもさんはビールに目覚めた。関西にはあまり置いていない、サッポロのラガー（大・五〇〇円）があるのもうれしい。

らも　ここはカウンターでは呑まれへんのやな。

大村　でも、ビールの入った冷蔵庫をテーブル代わりにして呑んではる人いますよ。ここみたいな「酒が自販機」の呑み屋行ったことあります？

らも　ないよ。

小堀　ないなぁ。わしの長い酒呑み生活の中でも初めてや。街ん中の自販機の前に座って呑んだことはあるけどな。

頼んだアテはマグロの造り二五〇円、おでん三〇〇円、ポテトサラダ二〇〇円。自家製のアテはおいしく、小皿に入った量も三人ぐらいでつまむのに丁度いい。らもさんはビールを切り上げ、チューハイレモン（店ではサワー）三三〇円を買いに行っている。日本酒の冷や中心だったらもさんも、せんべろ探偵を始めてから酒の好みが広がってきたようだ。ビールが高いのが残念だが、何しろ酒は百円均一なんである。常連さんはさっと来て、ぱっと呑んで帰るんだろうかと思っていたが、そうでもないようで、それぞれのテーブルに後から馴染《なじ》み客が来て、けっこう長く呑んでいる人もいる。

大村　混んできましたね。

小堀　せやけど、わしらのテーブルには誰も寄ってけえへんな。

らも　ふ、ふ、ふ。

ようやく、中年のおじさんがひとり、ビールを持ってやって来た。でも、ビールを置いた途端、他のテーブルへ移ってしまった。確かに私らには違和感があるようだ。「背広にネクタイ」じゃない客はごく少ない。しかも私らはご覧の風体である。この辺が大阪の立ち呑みと違うところか。大阪の常連客は見知らぬ客が来ると「オマエ、誰や」光線を送り、酔いがまわると「ジブン、アレやな」とかワケのわからんことを云いつつ寄ってくる。この店のように他の客にかまわれないのはラクでいいが、ちょっと寂しくもある。

大村　自販機に「百円」って貼り紙ありますけど、貼り直した跡がありますよ。

小堀　前はいくらやったんやろ？　アトム、剝がしてきいや。

大村　そんなムチャな。

でも知りたい。意を決したアトムが店の人に聞いてきた。ここは品のいいおかみさんと若い兄ちゃんの二人で切り盛りしている。兄ちゃんは空になったビール瓶や皿をこまめに片づけている。

以前は五十円均一だったとか。いつから値段が変わったかは聞きそびれたが、それにしても安い。自販機は製造元の会社がなくなってしまったので交換がきかず、大切に使っているとのこと。ちなみにウイスキーは現在、トリスの代わりにハイニッカが入っている。開店は東京オリンピックの頃。以来、約四十年間、バブルの時代も不景気の時代も変わらぬ立ち呑み一筋である。営業時間が午後五時〜九時というのも土地柄だろう。壁にキムタク出演のJRAの広告ポスターが貼ってあり、どこかで見た場所だなと思ったら、この「ニューカヤバ」だった。常連客にJRAか広告代理店の人がいたんだろう。私とアトムは「へえ〜、キムタクも来たんや」とミーハーな感心をするが、元コピーライターのらもさんは全然関心を示さない。それどころか、「おれは昨日行った店がよかったな」とポツリ。昨日から東京へ来ているらもさんとアトムは赤羽《あかばね》の立ち呑みに寄っていたらしい。

大村　赤羽の「いこい」（この店も「居酒屋礼賛」にあった）は背広にネクタイの人、ひとりもいてませんでしたよ。アテもめちゃめちゃ安くてうまかったし。ここともまた違った名店ですよ。

らも　酒うまかったんやけど、体調悪うてな。便所でごろんとこけてしもてな。

大村　そんな、こけるような広い便所やなかったんですけどね。

便所の広さはどうでもいい。「いこい」は朝七時からの営業だ。今から赤羽へ行くのはシンドイが明日の朝なら何とかなる。体調が今イチのらもさんはほっといて私はアトムと一緒に翌日、赤羽へ行くことにした。二日酔いなら迎え酒だ。

庶民の町の〝早朝キング〟

さすがに朝酒はやめたが、「赤羽で昼酒」を合言葉に私とアトムはＪＲ赤羽駅に降り立った。関西でいうなら京阪の枚方《ひらかた》か阪神の尼崎《あまがさき》か。荒川を越えればその先はもう埼玉の川口だ。川口といえば「キューポラのある街」ではないか。小百合さまもこのあたりの空気をお吸いになったのであろうか。アトムにはわからぬ中年男の妄想を抱えながらにぎやかな駅前（東口）を歩く。

アトムが「ここですわ」と案内したのはメンズエステ「ムンムン」。いや違った、その「ムンムン」の隣りにある立ち呑みの「いこい」。縄ノレンをくぐり、ガラス戸をあけるとコの字形のカウンター、カウンター以外にも立ち呑み専用の角テーブルがいくつかあり、店内はけっこう広い。

昼の一時過ぎのせいか、客はひとりで来ている初老の男性が五、六人。隅っこのカウンターに立ち、入口の方を見ると「酔って来る方一切お断りします」の貼り紙。奥の壁には「暴言・暴力行為をした場合は一切出入りを禁止致します」とある。私がメモをしていると店主が、

「おたくら取材の人？」

早くも私らがせんべろ探偵であることを見破られてしまった。小柄な店主はきりっとした、フライ級のボクサータイプ。

「こないだ、愛川欽也の番組が取材させてくれってきたけど、ことわったよ。ウチはちゃんとした立ち呑みなんだよ。料理は河岸《かし》で毎日仕入れてるし、よその店みたいにその辺のスーパーで買ってきたりとか手は抜いてないよ」

店主のタテ板に水の口上を聞きながら私はビール（三六〇円）、アトムは焼酎のグレープフルーツ割り（二八〇円）を注文。ここも完全キャッシュ・オン・デリバリーでカウンターの上にお金を置いておくと、注文した分だけ引いていってお釣りを置いてくれる。

グレープフルーツはちゃんと生の果実をしぼって焼酎に入れている。アテは評判の湯豆腐とアジの刺身をもらう。どちらも一三〇円。湯豆腐にはタラと白菜が入っており、アジは身の厚いのが五切れ。新鮮でうまい。それにこの驚くべき安さ。私らは二千円をカウンターに置いたのでこの時点で九百円が引かれたが、まだまだ千百円も残っている。まさに〝せんべろ〟の名店である。私らは感動してコトバもない。

大村　ええでしょ。茅場町の店もよかったけど、ここはホンマにすごいでしょ、こんなん近くにあったら毎日でも来てしまいますわ。

同感である。朝早い時間は夜勤明けの人やタクシーの運転手が多いという。「うちのお客さんは『酒は立って呑まなきゃうまくない』っていう人が多いよ。うまい酒とサカナが食いたいっていう、いいお客さんが多いね」

気に入ってもらえたのか、店主はあれこれ話しかけてくる。店が出来て四十年ぐらいというから、「ニューカヤバ」と同じぐらいか。「立ち呑み」にこだわる店主は大阪の立ち呑みも気になって呑み歩いたという。勉強熱心なんである。

大村　こうやって目の前にお金を置いといたら、どれだけ呑んだか、後どれぐらい呑めるかわかるし、明朗会計ですわ。

調子に乗った私らはこの後、二本二二〇円のタン塩焼き、ニシンの煮付け（一三〇円）と次々頼み、日本酒（一八〇円）も追加して、それでも二人で三千円いかなかった。昼間の酒はよくまわる。それでなくても、この「いこい」は安くてうまい。アトムと私はすっかり酔っぱらい、店を出た（酔って入るのはダメだが、酔っぱらわなくては出られないのだ）。

茅場町の「ニューカヤバ」といい、赤羽の「いこい」といい、東京の立ち呑みはそれぞれの土地に合い、奥が深い。「せんべろ探偵」冥利《みょうり》に尽きる名店ハシゴであった。

らもの
らっぱ呑み

人の飲食《おんじき》

人はいったいどれくらいのものを飲んだり食べたりできるのであろうか。

　おれのマネージャーのアトムは大喰《おおぐ》いが売りの男である。かつて喰い放題の「マグロ亭」で六十四個の寿司を食べたことがある。何だか寿司が気の毒なような気もする。

　このアトムは独特のアンテナを張っていて「〇〇放題」の店を見つけるのが異常にうまい。アトムには胃が四つあるに違いなくて、これではまるで牛だ。

　飯田橋の「神楽坂《かぐらざか》飯店」に奇妙なシステムがあって、ここのジャンボ餃子《ギョーザ》百個を食べるとお代がタダになる上に老酒の甕《びん》を一本くれる。他にもジャンボ拉麺《ラーメン》三杯とか一升炒飯《チャーハン》なんかのファイト・メニューがある。

　アトムはこの百個餃子に挑戦した。結果をいうと五十個で敗れ去ってしまった。その後でおれが餃子を食べてみると、アトムの敗北も無理からぬ話で、餃子の皮が異常に分厚いのであった。もちもちしていて、うどんを食べているようだ。アトムは泣く泣く九千八百円を払わされていた。

　さておれ自身はどれくらい食べられるのか。

　メキシコで七〇〇グラムのステーキを喰ったことがある。一緒に食べていたメンバーは次々とギブアップしたが、おれは何か「誇り」のようなものにつき動かされてついには七〇〇グラムを喰い切った。途中で味も何もしなくなった。山と闘っているような気分になった。これが今まで一番たくさん食べた記録である。

酒に関してはどうだろう。おれは今ではすっかり弱くなってしまったが、四十くらいまでは一升二合は空にすることができた。今では四合で歩行も怪しくなっている。その点、昔の人はすごかった。

江戸時代、文化年間、大食会というものの記録があって、鯉屋利兵衛《こいやりへえ》という人が酒飲みの部で一斗九升五合をたいらげ、舞いを一さし舞って帰って行ったという。

一斗九升五合といえば十九升、十九升ですよ。これはどんなに許容量が大きいといっても、人間の腹に入る量ではない。そこでおれは思った。鯉屋さんはトイレに立つたびに口の中に指を突っ込んで酒を吐いていたのではないか。そういえば「神楽坂飯店」でも「立つこと」が厳禁されていた。ましてやトイレに行くことなどは論外である。トイレに行けないのはもちろん吐くことを防ぐためであり、立つことを禁じるのはトントンして胃に隙間ができるのを予防するためである。

しかし人間はどうしてこんなバカなことを考えつくのであろう。むしろ世界の飢えている人達に分けてあげる方が、よほど功徳《くどく》になると思うのだが、どうだろう。

その八
らも家で〝いえべろ〟
宝塚

「エライこっちゃで!!」

呑《の》み仲間の読売新聞Y記者から電話があった。Y記者はベテランの芸能記者である。誰か、芸人が死んだのかと思った。

「どないしたんや？　誰か死んだんか？」

「死んだんちゃうねんけどな。『松浦《まつうら》』が閉めるんや。ホンマ、エライこっちゃで。またひとつ、大阪の〝文化〟が消えてまうがな」

「松浦」とは、大阪は西天満《にしてんま》（旧・木幡町）にある立ち呑みの老舗《しにせ》「松浦商店」（昭和二十五年創業）のことである。私もY記者も仕事場から近いこともあり、よく「松浦」で打ち合わせという名の呑み会をしていた。酒屋だから酒が何でもあるのはアタリマエだが、「松浦」は何よりアテが充実していた。

おでんにどて焼き、湯豆腐といった定番から刺身、焼き物、煮物、酢の物ｅｔｃ。すぐ横で酒や煙草《たばこ》を売っている酒屋のメニューとは思えぬ一品料理の数々。春先には新子《しんこ》（じゃこのちょっと大きめのやつ）やいかなごの大根おろし・ポン酢あえが出た。夏にはハモの梅肉あえや泉州名産・水ナスの浅漬けが、冬場にはかす汁や茶碗蒸しが出た。

白菜と豚肉の炊いたん、キヌサヤの卵とじ、甘長《あまなが》（青唐の長めのやつ）をさっと炙《あぶ》ってカツオブシとポン酢をかけたやつも美味《おい》しかった。こうした、いかにも酒呑みが好きそうな手料理があるかと思えば、オヤジが喜ぶ焼きトウモロコシに、赤ウインナーやコンビーフにマヨネーズをつけたシンプルなアテもあった。頼めばインスタントラーメン（サッポロ一番の塩ラーメンにネギ・卵入り）もつくってくれた。

浪花の老舗の行方は？

法被《はっぴ》と前掛けがよく似合う、往年の時代劇に出てきそうな風貌の老店主と愛想のいい息子夫婦で切り盛りされ、本来の酒売り場の横に立ち呑みコーナーがあった。店主らがいる中央の調理兼洗い場をぐるっと囲んで最大三、四十人は優に立てるカウンターがあり、店内には掃除がゆき届いたトイレが二箇所（ひとつは男専用、もうひとつは男女兼用）もあった。（現在はトイレ一箇所）

酒が呑め、アテがうまく、トイレまであっては立ち呑みでもつい、長居をしてしまう。ひとりで来てもよし、何人かで連れ立って来てもよしのマコトに非の打ち所のない立ち呑みであった。酒の値段（ビール大四〇〇円、酒一合二五〇円）と茶碗蒸し（三五〇円）以外は値段の表示がなく、勘定は立ち呑みを仕切る若旦那が皿の数で計算していた。

使い込んだ算盤《そろばん》で皿の値段（一〇〇〜四五〇円）を数える手際は気持ちよく、私らはいつもいい気分で「松浦」を出た。モチロン、フツーに呑めば、ひとりあたりせんべろでいける明朗会計であった。

Y記者からの電話では、その「松浦」が今週いっぱいで今の店を閉めるという。何とか、閉める前にらもさんを「松浦」のカウンターに立たせたい。アトムも長谷川義史くんも何度か来たことはあるが、らもさんはどういうわけか「松浦」に縁がなかった。

アトムにその旨を告げると、

「えー、ホンマですか!? さすがに読売新聞は情報が速いですね」

驚きつつ、ヘンな感心をしている。

「ちょっと、らもさんに云いますわ」

しかし、何ということか、先だってのタイ旅行で足を痛めてしまったらもさんは、「足が痛くて、とても（立ち呑みに）立てない」とのこと。今回は外へ出るのがシンドイので、らも家で〝いえべろ〟したいという。ひとつの歴史が終わる時はこんなものかと一瞬、感傷的になった私だが、ナニ、「松浦」は閉まる日にひとりで行けばいいと自分勝手に頭を切り替え、らも家へ赴くことにした。

後日、わかったことですが、「松浦」は改装のため、一年間近所の仮店舗で営業し、二〇〇三年春から皿もアテもそのままで、立ち呑み営業を本格的に再開するという。やれやれ、よかった、よかった。

らも家でファミリーせんべろ

らも家の最寄り駅は阪急宝塚線の雲雀丘《ひばりがおか》花屋敷である。名前からして上品である。
今回は関西ということもあり、長谷川くんが二度目の参加のほか、らもさんの長男・晶《あき》穂《ほ》くんが初参加。晶穂くんは中島らも事務所勤務の二十五歳。物腰の柔らかい好青年であるが、やはり父親の血をついで酒はしこたま呑むらしい。アトムにとっては上司の息子だが、職場ではアトムの方が先輩なので、せんべろ探偵としての心構えを説いたりしている。

大村　らもさんが近所のスーパーでアテを買うてこい云うんですが、予算はひとり四〇〇円なんですわ。小堀さんも長谷川さんも四〇〇円以内でアテを買うて下さい。晶穂くん、自分はらもさんの分、代わりに買わなアカンのやで。しっかり考えてや。

アテ代が四〇〇円か。何か小学校の遠足のお菓子代みたいやな。でも、四〇〇円もなかったな。小学生は酒呑めへんもんな、などとボンヤリ考えるうちに雲雀丘花屋敷の駅に着いた。夕暮れの午後六時半頃。あたりは「閑静な」という紹介がぴったりくる住宅街である。この向こうに、かつては〝ラリリの巣窟〟だったらも家があるとはとても思えない。

私らがアテを調達しに訪れたスーパーは、小ぢんまりとした地元スーパーであった。

小堀　四〇〇円はええけどな、ここのスーパー、夕方やのに商品に値引きシールが全然貼ってあらへんやないか。

大村　ホンマですねえ。昔、ダイエーでバイトしてたんですけど、五割引きのシール貼る前に、貼られそうな三割引きの商品をカートに入れといて、いざ店員がシール貼り出したら、コレにも貼ってくれ云うて持ってくるアツカマシイおばはんいてましたわ。

小堀　それ、わしもやるで。

晶穂　小堀さん、おばはんやないですか。信じられませんね、僕には。

仕方がないので、泣く泣く定価で買ってしまった。みんなの選んだアテをアトムがまとめて精算。以下はその内訳である。

小堀：ポテトサラダ（二八〇円）＋サバ缶（一〇〇円）計三八〇円

大村：なめたけの瓶詰（一〇〇円）＋五目豆（一〇〇円）＋豆腐二丁（一〇〇円）＋花カツオ（一〇〇円）計四〇〇円

長谷川：五目豆（一〇〇円）＋昆布豆（九九円）＋サバ缶（一〇〇円）＋オイルサーディン缶（一〇〇円）計三九九円

晶穂：七味モヤシ（一五八円）＋そら豆のフライ菓子（一〇〇円）＋納豆（一三〇

円）計三八八円

大村　合計千五百六十七円＋消費税ですけど、ぼく、小堀さんのチョイス信じられませんわ。

私だけが二品で他はみんな三、四品買っている。若い者にはこの私のアテに対する深謀遠慮がわからぬのであろう。

らも家には足を痛めたらもさんが夫人の美代子さんと待っていた。現在は美代子さんと二人暮らしのらもさんだが、家の中には「ここは動物園か、水族館か」と見まがうほどの小動物、魚類らがいる。ヘビやスッポン、サソリまでいる。そうした同居人（？）に囲まれて、らもさんの仕事机兼食卓のテーブルがある。テーブルの上には缶ビールと地酒の一升瓶が何本もデーンと置かれている。今日は久しぶりに晶穂くんもいるのでらも家にとっては〝ファミリーせんべろ〟でもある。

美代子さんが、我々が選んだアテを皿に盛りつけてくれた。豆腐や納豆用にとネギも刻んで出してくれる。

大村　けっこう豪華になりましたね。

美代子　独身者の下宿みたいな感じ。

小堀　アトムは豆腐となめたけを一緒にしようと思ってるやろ。

大村　はい。豆腐になめたけとカツオブシをかけようと。皆さんもそれでいいですか？

小堀　わしは一つになめたけ、もう一つはカツオブシに醤油《しょうゆ》かけて。

大村　こだわってはりますね。

小堀　いや、そうするとアテがとりあえず二種類になるやろ。

缶ビールをあけ、今宵のせんべろに乾杯する。冷奴《ひややっこ》、五目豆、納豆、そら豆のフライ菓子と選んだアテはなぜか豆類が多い。

大村　らもさんはこの中のアテで何に最も注目しますか？

らも　そら豆かな。ホントは茹《ゆ》でたやつがいいけど、ま、揚げてあっても。

晶穂　らもさん、好きですよね。揚げてるやつでもバクバク食べますよ。

晶穂くんは父・らも氏のことを「らもさん」と呼ぶ。ちなみに美代子さんは、「らも」と呼ぶ。美代子さんがテーブルの上の日本酒をあけてくれる。

美代子　これね、野坂さんからいただいたお酒。

大村　秋田の地酒です。「銀河」っていうんですけど、ラベルに「野坂昭如」ってサイン（銘）が入ってるんですよ。

こういうお酒をいただけるのが、〝らも家せんべろ〟のご利益か。さすがにいい酒であった。口当たりがよく、それでいて濃い。らもさんは普段は「国菊《くにぎく》」という九州の地酒を呑んでいる。関西ではなかなか手に入らないそうだ。

小堀　アトムも家事はようやるんやろ。呑んでても手近な所にゴミ入れる袋用意してるもんな。
大村　（奥さんの）教育が行き届いているっていう悲しい性《さが》がありますね。
長谷川　散らかすと怒られるからね。
大村　長谷川さんも料理とか、しはるんですか。
長谷川　今日も幼稚園の子どもの弁当つくりましたよ。
大村　マメですね。らもさんは弁当、つくったことあります？
らも　おれ、あるんちゃうかな。
美代子　ない。
らも　飯の上にノリでハートを描いた覚えがある。
美代子　あ、ある!!
らも　味付けノリでハート。
大村　ホンマですか!?　おかずは何やったんですか？
らも　いやー、何やったんかな、サーモン？　缶詰のシーチキンみたいなやつ。
美代子　晶穂がお腹にいて腹ボテで仕事に行ってた頃やと思う。職場のみんなにそのお弁当を見せて回った覚えがある。
大村　その、ハートをですか？

美代子　やや崩れていたけどね。
小堀　らもさんが失業中の頃ですか?
らも　いや、まだ働く前。二十五年くらい前かな。
美代子　らもが勤め始めてから、すぐに晶穂が生まれたんよ。この子が四月十一日生まれやから。
晶穂　十二日です。こんな親ですわ。
小堀　弁当つくったのは、後にも先にもその時だけですか?
らも　そうやね。
大村　小堀さんはつくったりします?
小堀　つくるよ。子どもには評判悪いけどね。「体に悪い」って。
らも　酒のアテみたいなもんばっか入ってるんだろ。一本ついてたりして。
大村　一本ついてるのいいですね。
小堀　お茶のペットボトルに日本酒入れとくか。
晶穂　小学校の時、弁当がいるっていうのを母に云うのを忘れて、急に弁当って頼んだら、真っ白なオニギリが三つ。
大村　中身はなし?
晶穂　中身も塩味もなかったと思います。小学校の時はあんまり友だちがいなかったので、見かねて先生がおかずくれた。

美代子　下の子（長女・早苗さん）は私立やったから毎日弁当持ってくんだけど、朝、間に合わなくて、昼頃に学校までバイクで持っていったな。

大村　それもええ話ですね。お母さんがバイクで持ってくるって。

晶穂　参観日とかも凄《すご》かったですよ。校庭でバイクぶわーんですから。

小堀　晶穂くんはいつ頃から酒呑んでるの？

晶穂　高校二年くらいからですかね。

美代子　二歳の頃にワインを一杯呑ませたらイスから落ちた。

大村　英才教育ですね。

美代子　居候にこいつ強いなあと誉《ほ》められたね。

小堀　ヘタしたら死にますよ。

晶穂　今考えると腹立ちますわ。子ども部屋で寝ようとしたら下からギュイーンとエレキギターの音するし。

美代子　唄ったり踊ったり、家の中で花火したり、外から家の中にホースで放水した奴《やつ》もいたな。

晶穂　僕は朝、学校行くでしょ。家に居る居候の人たちも仕事に出てると思い込んでいたんです。でも実際は家でダラダラしてる。

小堀　晶穂くんがいくつの時？

晶穂　幼稚園から小学校三年くらいまで。近所の人が訪ねて来たら、家の中から全裸の外国人が出てきたり。もうムチャクチャ。

美代子　ここで〝やってる〟人たちもいたし。

晶穂　その頃は何を見ても感情の起伏が少なかったですね。

大村　らもさん、豆腐食べてる場合やないですよ。

酒がまわり、知られざるというか、ああ、やっぱりのらも家の無頼な日々があからさまになってきた。つい、気を許す〝いえべろ〟は怖い。私らは、ここぞとばかりに絶好調の晶穂くんを残し、大阪へ帰った。

らもさんの足の回復が待たれる今日この頃である。

らもの
らっぱ呑み

メコン川に飛び込め

タイへ行って何たらホテルという超豪華ホテルに泊った。山田まりやと一緒である。もちろん部屋は別である。

これは関西テレビの春の特番で一時間枠のものだ。

チェックインをして荷物を置いて再びロビーに集まる。

その時マネージャーのアキホ（今回はアトムはお休み）が奇妙なことを言った。

「らもさん、このホテルのミニ・バーには気をつけて下さいね」

何だろう。何なんだろう。取って返して確認したいところだが、そこは団体行動である（スタッフを加えて八人いた）。

ロケバスに揺られて、

「ああ今夜からまた〝メコン・ウィスキー〟の世話になるのだな」

と思うと感慨深いものがある。

メコン・ウィスキーはタイで一番よく売れているウィスキーだ。あえていえばタイにはメコン・ウィスキーとシンハービールしかないのだ。

このシンハービールというのはなかなかいけるのだが、メコン・ウィスキーは地獄のウィスキーだ。一応ウィスキーの色はしているのだが、味はウィスキーのそれではない。水に茶色の色素と、アルコールと水《みず》飴《あめ》を入れて掻《か》き回したもの、それがメコン・ウィスキーだ。原産国はベトナムである。

ロケが終わってバンコクの街を徘徊《はいかい》し、何か怪しげなものはないかとアンテナを張ってみる。しかし怪しいといえばバンコクの街そのものが怪しげなのだ。このとき既におれのポケットには二本のメコン・ウィスキーが放り込まれ、カチャカチャと音をたてていた。

立派な部屋だ。

「ホテルのミニ・バーには気をつけて下さいよ」

アキホの謎めいた言葉が頭をよぎった。

早速、ミニ・バーに駆け寄る。冷蔵庫にはビールがびっしりと詰まっており、何よりもそれよりも冷蔵庫の隣に本当のミニ・バーがあった。木製のラックでそこにスコッチが二本、バーボンが二本、ジン、ウォッカ、これらが全てクウォーターボトルであった。日本でいうポケット壜《びん》くらいの容量だ。普通、日本のホテルなんかだと、冷蔵庫にビールが三本ほど寂しそうに並んでおり、少し小増しな所だと三〇ccの超ミニ・ボトルが三本程並んでいる。その点、このホテルは立派だ。

アル中のおれとしては、このくらいの量の酒があると非常に安心する。

バーボンの一本を取り出してストレートでチビチビと飲みだした。

「よし。明日から夜にこれを一本ずつ飲もう」と殊勝なことを考えた。この六本が五日できっちりなくなる。

帰りの機中、ついに秘蔵のメコン・ウィスキーのキャップが開いた。

「うう、まずい。まずいがこれしかない。それにしてもまずい」

日本に持ち帰ったメコン・ウィスキーは今おれの家の机の上でまずそうに揺れている。

その九
痛快！角打ちのはしご
博多

「〝せんべろ〟って、〝角打《かくう》ち〟のことですよね」

九州は博多、西鉄ホールのプロデューサー・中村絵理子さんが愛くるしい笑顔で「角打ち」などという、ちょっとぶっそうな単語を云う。

「えー、知らんな。角打ちってどういう意味なん？」

何でも博多では立ち呑《の》みのことを総称して角打ちというらしい。博多の酒屋は昔、立ち呑みの客に木の枡《ます》で酒を呑ませていたとかで、四角い枡の角をパンッとカウンターに置く（打つ）ところから、角打ちと呼ばれたらしいが定かではない。

「今日は角打ちに行こうか、なんて私たちでも日常的に使いますよ」

プロデューサーというよりも、女優が似合いそうな中村さんが艶然と微笑《ほほえ》みながらまたしても角打ちと云う。

「博多で（美女と）角打ち」――何と魅惑的な響きであろうか。せんべろ探偵としては、中村さんの微笑の向こうの角打ちの謎を解き明かさなくてはいけない。幸い、前回はらも家で〝いえべろ〟だったので取材費も余裕がある。博多出張から帰った私はらもさんと大村アトムに、「次はいよいよ九州やで。博多で角打ちや！」と告げた。

らも　呑むのはいいけど、打つのはなぁ。アレはシンドイで。

大村　打つんやったら豆腐の角にしときはったら。

らもさんもアトムもベタなツッコミをしてくる。これだから関西人はナンギや。

私は中村さんから仕入れた角打ち情報を何倍にも膨らませ、アツく語った。

らも　博多では高い店しか行ったことないからな。せんべろできるんやったら行ってみたいね。

大村　らもさん、ハシゴはあまりしはらしませんもんね。

らも　うん。だいたい同じ店でじっくりねばる方やからな。

アトムによれば、らもさんはタイ旅行で痛めた足も回復に向かい、入院中の断酒もあって元気だという。

久しぶりに三人揃《そろ》ってのせんべろだと気合いが入ったのだが、博多行き直前になってらもさんが「原稿がたまってしもて行かれへんわ」の無念のリタイヤ。結局、博多遠征は私とアトムだけになってしまった。

「らもさんがいない分、何軒かハシゴできるかもわかりませんね」

アトムの何気ないひと言が現実となり、私は博多で悪夢の朝――ソルマック・モーニングを迎えることになるのだが……。

酒呑みの心を揺さぶる回数券

博多は通称・親不孝通り（凄《すご》いネーミング）のビジネスホテルに宿をとった私らは最近できたという激安居酒屋、その名も「博多百圓酒蔵《ひゃくえんさかぐら》大名店」（国体道路沿い。警固《けご》四ツ角すぐ）に向かった。店内は立ち呑みではなく、テーブル席と座敷の、一見するとごくフツーの居酒屋である。ところが、ここは回数券によるセルフサービスなんである。昔のバスの回数券のような千円券は「百円玉券」が十一枚ついてるのが泣かせる。

かつて大阪では地下鉄の回数券をバラ売りする名物おばちゃんがいてたが、私らのような世代は、こうした「一枚得する」回数券に弱い。

早速、アトムが千円券を三枚購入。料理コーナーには、ピリ辛コンニャク、枝豆、ポテトサラダといったものが一皿一〇〇円、おでんも一品一〇〇円だ。まだ開店まもない時間帯（午後五時ごろ）なので店内には私らの他には年配の客が数人しかいなかったが、夜になると若い人でにぎわうのだろう。メニューにはキムチ餃子《ギョーザ》鍋四〇〇円（二人前）、ミックスピザ四〇〇円（二人前）なんてのもある。酒は生ビールが四〇〇円、月桂冠の純米酒二〇〇円、酎ハイは各種二〇〇円と手頃（呑み頃）な値段だ。特筆すべきは焼酎がシングル一杯一〇〇円（ダブル二〇〇円）という安さなんである。焼酎は鹿児島・濱《はま》田《だ》酒造の芋・麦・蕎麦《そば》がそれぞれ茶色の甕《かめ》に入っていて、回数券を持っていくと店員がコップに入れてくれる。

氷はサービスで、各テーブルにはお湯の入ったポットと水差しが置いてある。客は自分の好みでお湯割りや水割りをつくるわけである。アトムが回数券を握りしめ生ビールとアテを買いに行った。

大村　回数券で買ういうのが、たのしいですわ。ホンマ、明朗会計ですやん。回数券には「一年間有効」とあるのだが、どこにも日付のスタンプがない。残ったら、また来た時に使えるというのもうれしい。

中村　入りやすいのもいいでしょう。好きなもの自分でとってきて、マイペースで呑めるし。

小堀　まだまだ回数券あるからな。どんどんちぎってや。

千円券三枚ということは、三千三百円分呑み食いできるんである。せんべろにオマケがつくのは初めてだ。私らは、画期的な回数券居酒屋「博多百圓酒蔵」のオーナー、吉原勝也さんにお話をうかがった。吉原さんは地元のデパート、岩田屋で働いていたこともあるという、ちょっと、マイク真木似のシブイ紳士だった。

吉原　天神にももう一店あって、そこは立ち呑み専門。この店は二〇〇一年秋オープンで、天神店は二〇〇二年の十二月からです。女の人も多いですよ。このあたりは「しつかり呑みたい」というお客さんが大勢いらっしゃるんで、椅子や座敷にしたんです。座敷は私が自分で作ったたんですよ。

吉原さんはインテリア関係の仕事をされていたとかで、自作の写真を飾った店内のレイアウトにもこだわりを持っている。

中村　私の友だちの美容師さん、お金ない時はここに来て呑んでる。

吉原　美容師さん多いですよ。

吉原さんの語り口はソフトである。居酒屋のオーナーというよりはジャズバーのマスターという感じで、博多のオヤジはかっこいいんである。まだ宵の口なので、あまりピッチを上げてもいけないのだが回数券の気安さか、生ビールから焼酎に切り替えてしまう。シングルでもけっこう量がある。

アトムが嬉々《きき》として回数券をちぎっては焼酎をお代わりしている。まさに「ちぎっては呑み」である。

調子が上がってきた私らに西鉄ホールの技術スタッフの松島信行さん、松本慎也さんが合流。中島らも九州ファンクラブ（？）の植木君、窪田君も合流する。松島さんは久《く》留米《るめ》出身、植木君は大分出身である。あっという間に〝せんべろ九州支部〟が出来上がってしまった。私らは、角打ちにウルサイ、松島さんの先導のもと、今度は同じ中央区にある某酒店へ向かった。

角打ちが日常茶飯の気持ちよさ

某酒店は歴史のありそうな店だった。壁際のガラスケースの上が立ち呑みのカウンターになっており、中年の客が何組か呑んでいた。常連さんなんだろう。みなさん、「今日もいつものように来た」風情である。

昔の角打ちは酒樽《さかだる》から枡に日本酒を注いでいたというが、さすがに今はもうないそうだ。でもこの店はそんな往年の角打ちの雰囲気がある名店だった。

酒やビールは基本的に定価販売であり、アテはおばちゃんに頼むと作ってくれる。松島さんがソーセージ炒《いた》めと平天《ひらてん》の焼いたのを頼んでくれた。平天にはネギと醤油《しょうゆ》がかかっており、ソーセージにはマヨネーズがついている。

ウマイ。値段は酒と一緒に支払ってしまったため不明だが、安かったように思う。何しろ酒は定価である。壁際の立ち呑みコーナーが常連さんでいっぱいだったので、私らは店内にテーブルを出してもらって呑んだ。こうした気遣いがありがたい。

某酒店で角打ちの雰囲気を味わった私らは、今度は博多の中心街・天神へと向かった。いずれも近距離のため、オール徒歩である。春風にあたりながら歩くと更に酔いがまわる。

松島　角打ちやったら「マルベニ」へ行かんと。今は変わってしもうたけど、それでもやっぱり「マルベニ」やね。

松島さんが案内してくれたのは、西鉄ホールがあるソラリアステージのすぐ近く、ビルの六フロア全部が飲食店という、角屋《かどや》食館であった。私らが案内されたのは地下の「角屋」。「角屋」は一階が立ち呑み専門で地下はテーブル席の居酒屋となっている。

松島　今は「角屋」ゆうんやけど、昔は「マルベニ」ゆうて、おばちゃんたちにお金渡して酒や料理もらう角打ちの店やった。日本酒や焼酎の自販機があってね。

現在はおばちゃんたちにお金を渡すキャッシュ・オン・デリバリーではなく、何と飲食券を買う自販機スタイルなんである。「百圓酒蔵」は回数券だったが、ここ「角屋」は自販機で頼みたいものの飲食券を購入するのだ。これもたのしい。

生ビール三九〇円、瓶ビール大四五〇円、日本酒一本二〇〇円、焼酎は各種一杯一八〇円、アテは博多がめ煮二〇〇円、カツオタタキ四〇〇円、おでん三〇〇円（三個）といったメニューが自販機にあり、一〇〇円、一五〇円、二〇〇円、二五〇円のおつまみ共通券というのもある。

今度は千円札を握りしめたアトムが自販機の前で何にしようか悩んでいる。酔っぱらって押し間違えなきゃいいのだが。人気のアテは豚足の唐揚げ（二〇〇円）と酢どり（三五〇円）。名物の豚足の唐揚げは食べごたえがあり、ウマイ。トリのモモ肉を酢醤油でつけこんだ酢どりは博多のアテでは定番メニューだという。

私は地元の酒、磯の澤《いそさわ》純米（四〇〇円）を冷やで呑む。アトムは芋焼酎のお湯割りだった。中村さんはチューハイ、松島さんら九州勢は皆、芋焼酎のお湯割りを豪快に呑んでいる。さすがに三軒目となると酔いがまわり、もう取材どころではなくなってきた。アトムの口から、「こんなん近くにあったら毎日来てしまいますわ」と、気に入った店に出逢《であ》うと決まって云うフレーズが出る。自販機で飲食券を買っては呑みつづけ、もう飲食券の判別がつかないくらい酔ってしまった。気がつくと、中村さんは帰り、私らはというと博多名物のとある屋台にいた。もう四軒目である。泥酔した私は何がなんだかよくわからないまま、アトムと親不孝通りを歩いてホテルへ帰った。「博多角打ち怖るべし」――リベンジを誓うまもないまま私は泥のように眠ってしまったのだが、アトムは更にギョーザを食べ、しめにうどんまで食べたという。信じられないし、信じたくも見たくもない。

翌朝はひどい二日酔いであった。ソルマックのお世話になり、もう一度「角屋」へ向かう。昨夜は酔いすぎて取材にならず、「角屋」を経営する牛心フーズ（株）の専務・鯉川豊さんに面会することになった。午前十一時過ぎ、アトムと「角屋」の地下店へ赴いた。ほんの十二時間前には大酒を呑み騒いでいた店へシラフで行くのは気恥ずかしい。店には中年のサラリーマンが三人、ビールを呑みながら牛丼を食べていた（その後、彼らは日本酒を呑み、昼間から居酒屋モードになっていった）。一階は立ち呑み専門だが、地下は昼間、牛丼（並三〇〇円、大四五〇円）を出している。

元あった「マルベニ」という立ち呑みは同名のパチンコ店の経営だったという。その「マルベニ」とつきあいのあった鯉川さんの会社が経営を引き継ぎ「角屋」に改名、現在の自販機スタイルに切り替えたという。

鯉川　マルベニさんは三十年くらいやっていたと思います。うちが引き継いで三年目です。メニューも若干変わってサラリーマンや若い人が入りやすい雰囲気にしたんです。

この日は一階で学生さんらしき若いグループが呑んでいた。二階にはラーメンと焼き鳥の店、三階には和風の落ち着いた居酒屋があり、四階には焼き肉、五階には炙《あぶ》り焼きもできる居酒屋が入っている。立ち呑みもいいが、座敷でゆっくり一杯もいいかもしれない。

鯉川　年配の人は座って呑みたいんで地下をまず覗《のぞ》いて、満席だったら上で立って呑むというぐあいですね。

余った飲食券は次回また来た時に使えるという。「百圓酒蔵」の回数券もまだかなり残っている。早いうちにらもさんを連れてもう一度博多角打ち巡りをしたいものだ。新たな角打ち情報も入ってきた。何でも二十代から五十代までの女の人四人で切り盛りする角打ちの老舗《しにせ》があるらしい。常連の年寄りは昼間来て一杯呑んではいったん家に帰り、休んでから夜また出直してくるという。うーん、らもさん向きではないか。
博多への出直しを堅く誓う私らであった。
（※「博多百圓酒蔵大名店」は閉店になりました）

らもの
らっぱ呑み

運転手の話

おれはタクシーの運転手と話をするのが好きだ。主に趣味の話をするのだが、中にはとんでもない趣味を持っている人がいる。

ライフルを持って山中に入りシカやイノシシを射つ、という人がいた。獲物は現場で解体してビニール袋に取り分け、全員で分配するのだそうだ。

一頭獲れればそれで十分なので、狩りは終わりになる。なかなか良い趣味だと思う。

先日もタクシーの運ちゃんと話をしていた。

「休みの日は何をしてらっしゃるんですか」

すると運ちゃんは五十がらみの人であったが、ポリポリと頭を掻《か》いて、

「いやあ、私等やっぱり酒ですなあ」

と言った。

お、これは話が合いそうだと思ってタクシーの中で居住まいを正した。

「ほう、酒ですか」

「おとついも飲んでしまいましてね、二本飲んでしまいました」

おれはいささか気抜けがして、

「いいじゃないですか。ビール二本くらい」

すると運転手は、

「ビールとちがいますねん。日本酒ですねん」

「じゃあ、お銚子《ちょうし》二本ですか」

「ちがいますねん。一升壜《びん》ですねん」

おれは絶句した。一升壜を二本？

おれもたいがいの酒飲みだが一升飲んだ

経験はあまりない。飲むと次の日は地獄のような二日酔いになる。だからせいぜい飲んで六合くらいである。

「いつも二升くらい飲まれるんですか」

「そうですなあ。腰をすえて飲んだら二升五合はいきますすなあ」

「それは何か食べながら飲むんですか」

「いや。瓜《うり》の塩漬けくらいです。これは酒にいいので私が庭で作ってるんですよ」

世の中には凄《すご》い人がいるものだ。おれはたまげてしまった。それから話は立ち吞《の》みのことに及んだ。

「飲むのが早い人がいてはりますねえ。店に入って酒のコップが来るなりカーッと一気に飲んでしまって、あれは八秒くらいしかかかってないんじゃないですかねえ」

すると運ちゃんは、

「私もね、最初の十杯目くらいまではカーッと一気に飲みますけどねえ」

おれはますます参ってしまった。この人のもとに弟子入りしようか、とも思った。しかし考えてみるとタクシー業務というものは、一日半運転して一日半休むというものだ。車に乗っている間はもちろん一滴も飲まない。これが休肝日になっているのだ。言わば一年の半分は肝臓を休めていることになる。だから二升飲んでも元気でいられるのだろう。

瓜だけつまんで二升の冷や酒を飲む。なかなかいい酒だと思う。

その十
貧困小説が似合う町
大阪・阿倍野

時日のたつのと金のなくなるのは、ほんとうに早い。

〝酒呑《の》みの聖地〟――大阪・新世界からせんべろ巡礼の旅に出た私らだが、気がつけば早一年。酔っぱらっていると時のたつのも忘れるが、最近じゃシラフの時でも時のたつのを忘れてしまう。これも日々のせんべろ修業のたまものであろうか。

新世界では泥酔して道にへたりこんだらもさんだが、今思うとあの時〝聖地〟に五体をつけたのがよかったのであろう。その後、らもさんはタイで「象にまたがり足が腫れる」という信じられないアクシデントにあったものの、せんべろ神のご加護で何とか巡礼の旅をつづけている。

おかげさまで大村アトムもこの春、めでたく中島らも事務所を出所、いや退社し、新しい名刺には「せんべろ探偵」とだけある。もう昼日中から呑むしかないんである。新らもさんの新マネージャー（四代目）にはすでにせんべろデビューを果たしてしまった中島晶穂くんが就任。アトムと違って線は細いが、そこはらもも家の長男。仕事もするが酒もしっかり呑むんである。

私はと云えば、生来のせんべろ体質に天職とも云うべきこの探偵稼業が加わって、本職の編集者渡世も益々《ますます》、せんべろ化しつつある。マイナーなもの、ビンボーなもの——だが、スコブルおもしろいもの——に以前にも増して嗅覚が利いて、眼がいくようになってしまった。

藤澤清造という作家をご存知か。

明治二十二年（一八八九）、石川県七尾《ななお》の生まれ。十八歳で上京し、演芸画報社の記者を経て戯曲や小説を書き始める。代表作は長篇小説の「根津権現裏」（大正十一年）。「雪之丞変化」で知られる三上於菟吉《みかみおときち》と仲がよく、この「根津——」も三上の尽力で出版されている。「根津——」は田山花袋に絶賛され、藤澤は〝新進作家の古手〟（室生犀星）として評価される。

以後も短篇小説や戯曲を発表し、その異才ぶりで注目されるが、ズケズケとモノを云う性格が災いしたのか、書くものが時流に合わなかったのか、しだいに発表の場がなくなり、生活は困窮を極めていく。やがて精神に変調をきたすようになった藤澤は冬の日に家を出てさまよい、芝公園で凍死してしまう。昭和七年一月二十九日没、四十二歳だった。身元不明の行き倒れとして火葬され、妻が遺留品で本人と確認するのだが、当時は遺骨を引きとるのに金がいり、その金は親友・三上於菟吉の妻であり日本最初の女性劇作家、長谷川時雨《しぐれ》が出したという——。

うーん。気になる〈人生〉ではないか。〝不遇作家の中の不遇作家〟と云われ、知る人ぞ知る藤澤清造。その清造サンの本がこの平成不況の世に忽然《こつぜん》と蘇《よみがえ》り出版されてしまったのだ。

題して『藤澤清造貧困小説集』。版元は金沢の龜鳴屋《かめなくや》。勝井隆則さんという編集者が奥さんと二人でやっている小出版社だ。不況で勤めている出版社をやめた勝井さんは未払い賃金の代理弁済で入った金をこの本の出版にあてたという。泣かせる心意気ではないか。ビンボーがビンボーを呼んでいる。収録されているのは、金の貸し借りの心情とそこに潜む人間のどうしようもない業をねちっこく、独特の文体で描いた短篇十話に随筆二作。

タイトルにある「貧困」が利いている。ただの「小説集」だったらそれほど興味をひかなかっただろう。「貧困小説」というのがいいのだ。清造サンも死して後、七十年もたって初の小説選集が出るとは夢にも思わなかっただろう。清造研究者の粕井均氏による評論も読ませる。

歴史ある居酒屋は教会に似ている

らもさんに「藤澤清造」のことを話しつつ呑むとなると大阪ではやはり、「貧困と文学」が似合う天王寺～阿倍《あべ》野《の》界隈《かいわい》か。前回は博多「角打ち」で盛り上がり過ぎただけに、今回は昔ながらの渋い場所で「ブンガク」の話などしつつ、せんべろしたい……という取ってつけたような目論見《もくろみ》で選んだ店は阿倍野の「明治屋」。昭和十三年創業の浪花《なにわ》の名店である。

　ＪＲと近鉄のターミナルがある南大阪の玄関口・天王寺からあべの筋を南へ。大阪府下では唯一のチンチン電車、阪堺《はんかい》電車の上町《うえまち》線に沿って線路の西側を歩くと、ほどなく茶色のノレンに白ヌキで大きく「酒」そして「明治屋」とある。ノレンの上の木の看板には右から「酒屋　明治屋」とあり、以前は酒屋だったことがわかる。明治末期から大阪の北区で酒屋を営み、阿倍野へ移ってから呑み屋を始めたとのことで、看板は酒屋時代のものというから年季が入っている。

「明治屋」のある阿倍野は古代、豪族・阿倍氏が支配した土地であり、かつては熊野詣《くまのもうで》への道であった。このところ人気の陰陽師《おんみようじ》・安倍晴明《あべのせいめい》の生誕地と伝えられる晴明神社も阪堺電車で天王寺から三つめの東天下茶屋《ひがしてんがちゃや》近くにあり、チンチン電車に乗って、阿倍野～住吉大社～堺（旧市街）へとつづく歴史散歩もたのしい。

　私らは午後五時過ぎに「明治屋」に入った。この日のメンバーは、中島らも、大村アトム、私のせんべろトリオに専属イラストレーターの長谷川義史くん、新マネージャーの晶穂くん、それに元リリパット・アーミーの役者であり、らもさんのバンド・ＰＩＳＳのメンバーでもある山内圭哉くんの以上六名。山内くんは現在、舞台を中心に活躍しているが、子役時代にはあの夏目雅子さんと映画「瀬戸内少年野球団」で共演したこともあるという輝かしい過去（絶頂期）を持つ。嗚呼《ああ》、少年の日よ何処《いずこ》、今ではスキンヘッドが似合う一児の父である。

「明治屋」は午後一時から開けている。使いこんだ、それこそ長年の店の時間が染み込んだ木のカウンターとテーブル席。六人掛けのテーブル席に腰をおろした私らはまずビール（大・四九〇円）を注文。私と長谷川くんは何度か来ているが、他のみんなは初めてだ。

大村　さすがにシブイですね。何か、独特の雰囲気ありますよね。

らも　教会みたいな感じがするね。ズラーッとイスが並んでて。一番前（小上がりがある）が聖壇で、樽《たる》の酒が御神体や。

店内奥には神棚があり、一升瓶が並ぶ様はどうみても居酒屋なのだが、らもさんにはちょっと細めの木のテーブル、静かな雰囲気が「教会」に重なったのか？

小堀　らもさんの感覚はわからんわ。

「明治屋」は季節ごとのアテがおいしい。冷奴《ひややつこ》（三五〇円）、甘長とうがらしを炒《いた》めたもの（三五〇円）、どて焼（五〇〇円）を注文する。そら豆好きならもさん向けにお多福豆（そら豆・四〇〇円）も頼む。

長谷川　このそら豆、味がついてますね。

そら豆はただ湯がいただけのものが多いが、ここのは醤油《しょうゆ》味がついており、酒によく合う。確かに値段はせんべろ向きではないが、酒呑みが好きなアテを頼み、ゆっくり呑むには雰囲気、味とも申し分ない。こういう年季の入った店はやはり日本酒だろうと、私らは日本酒の冷やに切り替える。運ばれてきたガラスの銚子《ちょうし》にはうっすらと「明治屋」のロゴが。渋い。

晶穂　うわぁ、酒と一緒に木の香りがしますね。

「明治屋」は菊姫や秋鹿など純米酒（四五〇円～）も各種揃《そろ》っているが、普通に「お酒」（三七〇円）と頼むと樽に入った酒を銚子に入れてくれる（銘柄は兵庫の松竹海老）。これがうまいんである。私らとしてはアテはもう充分なのだが、名物のシューマイ（三五〇円）を二皿注文してしまう。卵の薄皮でくるんだ自家製のシューマイはカラシ醤油でいただく。これがまた日本酒の冷やによく合う。御主人（三代目）の松本光司さんによると、

「三十年ほど前にお客さんが『ウチで作ってるシューマイを店に出してくれ』云わはって出し始めたんです。その店の御主人が亡くなってからは作り方を教わってウチで作って出してるんです」

いい話だ。一皿三個だから、ちょうどひとり一個あたるのもよかった。シューマイを食べ終えた私は、つけあわせのキャベツをカラシ醤油にひたしながら呑む。こうなると

せんべろモードになってくるのだが、山内くんも晶穂くんもよく呑み、かつ食う。このままでは肝心のせんべろがどこかへ行ってしまう。最初は「一軒だけ」と云っていたらもさんも調子が出てきたようで「もう一軒行く」と云い出した。らもさんの気の変わらないうちにと今度はあべの筋を天王寺の方へ戻り、あべの銀座を入ってスグを左、目指す店は「どん海」だ。

変わる街　変わらぬ酒場

店内は仕事帰りのサラリーマンでごったがえしている。ちょうど奥のテーブルがあいたので即、陣取り、大声で酒やアテを次々注文する。ここは安くてうまく、量があるのだ。「明治屋」で入れた酒はやんわりと落ち着いていたのだが、その酒がここに来て体内で一気に発火してしまう。

らも　ええ店を教えてもらったな。安いし。

小堀　美少年でも呑みますか。

らも　美少年やったらここにおるよ。

山内　真顔で何云いだすんですか。老人でしょ。

らも　老人じゃないよ。五十だよ。

山内　あと十年で還暦ですか。
らも　五十はいいよ。いい感じだよ。
山内　小堀さんは？
小堀　一つ下、中途半端な四十九。
大村　山内くん、三十の気分はどう？
小堀　へえ、山内くんも三十か。日本の法律も変わったか。
山内　何の話ですか、僕は三十一ですわ。

結局らもさんは美少年ではなく土佐鶴を注文。日本酒は各種一杯三八〇円。下に受けた枡《ます》にこぼれるようコップに注いでくれるのがうれしい。晶穂くんと山内くんはチューハイ（四五〇円）、私、アトム、長谷川くんはビール（大・四五〇円）から日本酒に切り替える。

勢いで頼んでしまったアテが次々とやってきた。カンパチのかまの塩焼き（三五〇円）、ハゼの天ぷら（三〇〇円）、沖縄もずく（二〇〇円）、ポテトサラダ（三〇〇円）、焼つぶ貝（三五〇円）、カンパチのかまはひとりではとても食べきれない大きさだ。ハゼの天ぷら（三匹を二つ切り）は大阪の居酒屋のアテには珍しい。

山内　このポテサラ、家でおかんがつくったみたいにいっぱいですね。

「どん海」の御主人、国分勇さんは種子島《たねがしま》出身。一見、丹下段平風だが、笑うと人懐っこい眼もとが印象的。十五歳の時に集団就職で大阪へ出てからいくつかの職を経てきた苦労人だ。この店は前の経営者から引き継いで十八年になるという。この日は頼まなかったが、鉄工所に特注して作ったという浅鍋で牛ハラミとテッチャン（ホルモン）を特製のだし汁で煮込む、ハラミ・テッチャン盛り合わせ（六八〇円）もウマイ。

らも　こないだタクシーに乗って地図を渡したら、運転手が窓を開けて隣りの運転手に道を聞きよったんや、身を乗り出して。そのとたんにプーとこきよった。

一同　はははは。

らも　情けないやら腹立つやら。

山内　らもさんはジャッキー・チェンと二つ違いなんですからね。ジャッキーはまだ新しいスタント考えてますよ。

小堀　ま、芸風が違うからな。

らも　せんべろの次は、普通の民家に入ってそこで呑ましてもらうっていうのやろ。

晶穂　ヨネスケじゃないんだから。

大村　それじゃ、隣りの〝晩酌〟じゃないですか。

昨夜は八合も呑んだというのに、らもさん調子がいい。バカ話が出始めてとまらなくなってきた。

ただ〝せんべろ〟な私らは文学に縁がないのか、これではとても藤澤清造サンの話をする状況ではない。
「どん海」を出てあべの銀座を歩くと中年というか、初老のオヤジ二人がギターを抱え〝演歌のストリートミュージシャン〟をしていた。天王寺～阿倍野はコブクロも唄っていたことがあるというストリートミュージシャンのステージだが、元々は〝演歌オヤジ〟が似合う土地柄だ。

しかし、都市計画による再開発で何年後かには新しいビルが建ち並ぶ現代的な街になるという。「明治屋」は四、五年後をメドに新店舗に移転、「どん海」も一年半か二年後にはとりあえず仮店舗で営業し、その後は新しいビルに入る予定だと聞いた。（明治屋はその後、内装は往時の雰囲気を残した新店舗で営業を始めた。どん海もあべの筋の新店舗で営業中）

街は生きものであり、時代とともにその貌《かお》を変えていく。変わらないのは、いくつになっても「酒を呑めば酔っぱらう」人間のアタリマエの現在だ。「明治屋」の常連さんの最年長は九十二歳だという。

街のスタイルは変わっても、酔っぱらいにやさしい酒場が息づく街のスタンスは変えてほしくない。私らは死ぬまで好きな酒を、好きな酒場で呑みたいのだ。

らもの
らっぱ呑み

奇酒、珍酒

古代には「くちかみの酒」というものがあったそうな。女たちが車座になって、蒸した五穀を口中で嚙《か》み、どろりとなったところを土器にぺっぺっと入れる。これを発酵させたものがすなわち「くちかみの酒」だ。これは神事に使う神聖なものだから、くちかみをする女性も当然浄《きよ》らかな処女でないといけない。

ある村でくちかみの酒を作ったところ、酒がどろどろに腐ってしまった。

「女どもの中に非処女がまじっていたに違いない」

村の長《おさ》はかんかんに怒って、女たちを追及した。すると驚いたことに村の娘のほとんど全員が非処女であった。中には、

「半分だけ入った」

という訳のわからないのもいたりして、結局のところ、ちゃんとした処女はたった一人しかいなかった。しかもそれは村長の孫で、八つになる「子供」であった。腹をたてた村長はその八つの子供を自らのチンポで犯してしまったという。

このくちかみの酒はどこかで「猿酒」の伝説にリンクするものを持っているような気もする。世の中には変わった酒、不思議な酒が探せばまだまだあるようだ。

おととし、某社某編集子のお招きでモンゴル料理屋に遊んだのだが、このときに「馬乳酒」を飲んだ。馬の乳を発酵させた酒である。世界にはたくさんの酒があるが、動物性蛋白《たんぱく》を原料にしたものはこの馬乳酒・牛乳酒だけである。白濁していて軽い酸味がある。アルコール度数は極めて低い。

ニパーセントくらいであろう。この馬乳酒のさわやかな味わいに目をつけたのが日本人で、そこから「カルピス」が生まれた、というのは有名な話だ。

南アジア一帯には「椰子酒《やしざけ》」が広く分布していて、たいがいの国で飲める。一種のどぶろくで、なかなかうまいのだが、アルコール度数が低い。早く酔いたい人のために、これを蒸溜《じょうりゅう》してスピリットにしたものが「アラック（アラキ）」。三十五度ある。ウィスキーのような美しい色をしている。味はラム酒に似ている。

スリランカの浜辺などで夕陽を見ながらアラックをらっぱ呑《の》みしていると、陶然とした酔いが降りてくる。

おれはテキーラも好きだ。目をむくほど大きなリュウゼツランの根塊から作られる。安物はウォッカのように透明だが、ヴィンテージものになると飴色《あめいろ》をしている。トマトジュースをチェイサーにして、小さなグラスでかぽりかぽりと飲む。マイルドで、しかも芯《しん》が強い。あまり心を許して飲むと、とんでもない失態をおかしてしまったりする。

料理もそうだが、酒もその地のものをその地で飲むのがよい。

てなわけで、今夜も日本酒。

その十一
これぞ瀬戸内海の豊饒
岡山

らも太郎さん らも太郎さん
おこしに つけた ワンカップ
1本 わたしに くださいなー
日本一
これから
おれの
せんべろ
に ついて
くるなら
あげましょう
ワーン カップ

先日の朝日新聞朝刊（大阪市内版）に「北新地に99円バー～我慢比べ持久戦」なる記事が載っていた。

北新地と云えば大阪を代表する〝高級〟盛り場である。らもさんはともかく、大村アトムや私は通りを歩いたことはあっても、怖ろしくて（店に）入ったことはない。その北新地に「99円バー」である。

かつてはホステス五人を抱えた高級店が不況で客足が途絶え、激安バーに衣替えしたという。酒もツマミもカラオケも値段はオール99円。客は一冊十枚つづりのチケットを買い、一枚ずつ渡すシステムだという。回数券居酒屋「博多百圓酒蔵」によく似たシステムだが、場所が北新地というのがオドロキである。

経営者はママ歴二十年の北乃ポチさん（41）。「出口の見えない不況で、大変なのはみんな同じ。ワンコインバーより一円安くしたのは、今まで私を支えてくれた人たちへのささやかな恩返し」と再出発にかけ、「お客さんあっての北新地。一見《いちげん》さんの力も借りながら、あの時はがんばったねと、いつかみんなで笑って言える日が来るまで、店は続けます。負けませんよ」と心意気を語っている。

店の名は「Ｋ’ｓ　ｂａｒ」。義理と人情と何より安酒にウルサイせんべろ探偵としては行かずばなるまい。

「最近、新地で呑《の》んでるそうやないか。景気のええ話やな」

ヒヤカシで人に云ったことはあっても云われたことはなかった。私らがそう云われる日も近い。

日経新聞（東京版）には「はやり入門講座～おしゃれ立ち飲み屋」という特集記事があった。何でも東京にはワインやカクテル、純米酒などを気のきいた料理のアテで呑ませる〝おしゃれ系〟立ち呑みが増えているという。上野・アメ横近くの「スタンディングコーナー」、サルサが流れる八丁堀の「スタンドバー・ｍａｒｕ」、恵比寿の「カサブランカ・ヴァンヴィーノ」などなど。店名からして私らが通う立ち呑みではなく、若い人、それも女性客が多い〝スタンディング〟な店だ。値段も手頃、味や店の雰囲気もよく、若い人はかるく呑んで早めに帰宅。帰宅後は音楽を聴いたりビデオを観たりして一日の締めくくりをたのしむとか。記事の最後には、「酔いつぶれて帰ったら寝るだけという『おやじ飲み』は廃れつつあるのかもしれない」とあった。

　せんべろな店が増えてきたのは喜ばしい限りで、時代がようやく私らに追いついてきた感があるのだが、「せんべろ」の基本は云わずもがな、「千円で、べろべろ」である。「べろべろ」にならずして何が、せんべろであろうか。「おしゃれ系スタンディング」で若い人（女性客）に混じって呑むのもわるくはナイのだが（ホントは行ってみたい気もするのだが）、私らとしては全国津々浦々の「せんべろ店」でしこたま「おやじ呑み」してべろべろになりたい。

そんなわけで今回は、山陽道・岡山へ足を延ばすことにした。泥酔した桃太郎のなれの果てやアル中の鬼たちに逢《あ》えるかもしれない。

瀬戸内の魚のアテが絶品

まだ梅雨が明けきらぬ某日、らもさん、アトムと新大阪の喫茶店で待ち合わせ。二日酔いはいつものことだが、滅多に風邪をひかぬ私が咳《せき》が出て止まらない。岡山行きを前にしての「鬼の霍乱《かくらん》」であろうか。みかねたらもさんがかばんから咳止めの顆粒《かりゅう》薬を取り出し渡してくれる。

もうブロン中毒は治ったはずなのに、すぐ咳止め薬が出てくるのがさすがに中島らもである。ありがたくいただいて今宵の「せんべろ」に備える。

らもさんは龍《りゅう》の絵をあしらったモスグリーンのTシャツ姿。袖口を捲《まく》り上げているので左肩口の入れ墨、「太極印」がよくみえる。アトムとタイへ行った時に入れたものだ。

「抗うつ剤をやめたら眼もよくなってきて、最近は書きものもできるようになった。調子はええよ」

全国のらもファンの皆様、ご安心あれ。このところ、らもさんの調子はいい。昨夜も自宅で日本酒を五合呑んだとか。広島へは行ったことがあるが、岡山へは一度も行ったことがないというらもさん、岡山初見参と相成った。

岡山駅には今回の案内役をおねがいした大森誠一さんが待っていてくれた。

大森さんは岡山で地域社会と舞台芸術の橋渡しをするＮＰＯ「おかやまアートファーム」（現・アートファーム）の代表をしている。戯曲塾やワークショップ、演劇公演の企画を精力的に行っておられる。二〇〇二年の夏は岡山市の離島、犬島に壮大な野外劇で知られる劇団維新派（松本雄吉・主宰）を招聘《しょうへい》。大正八年に閉鎖した銅の精錬工場を借景に維新派の新作野外劇「カンカラ」を上演、全国から多数の観客を集めた凄腕《すごうで》プロデューサーである。

日常事務や公演準備で何かと忙しい大森さんに無理云って連れて行ってもらったのは、岡山の酒好きなら知らない人はいないだろうという名店「成田屋」だ。

会合や打ち上げで利用されることも多く、劇団維新派の人たちもここで気勢を上げて犬島へ向かったと聞いた。

「成田屋」は同名の店が岡山市内を中心に三十一店舗。本店は岡山市表町《おもてちょう》にあり、今年創業五十年の老舗《しにせ》だ。店はそれぞれ本店、支店からのノレン分けという形で営業しており、私らが訪れた天神町店は本店からのノレン分け一号店で今年、創業三十九年になる。これまでに多くの人が出入りしてきたのだろう、表のノレンは真ん中の所がすり切れて短くなっていた。

店は一階がカウンター十六席にテーブル席が三つ、二階は小部屋があり、三階には三十人以上が入れる座敷もある。ご主人の森本昌徳さんにお話を伺った。

森本 店を始めた大将が歌舞伎好きで、そこからの命名なんです。

「成田屋」は市川團十郎をはじめとする市川家の屋号である。表のすり切れていた紋は「成田屋」の紋、三升であったのだ。

森本さんは本店が開業して二年目から丁稚《でっち》に入ったそうだ。釣りが好きで、陽焼けした顔は貫禄《かんろく》がある。岡山へ来たからには瀬戸内の魚で一杯やりたい。本日のおすすめのゲタの煮付け（二枚・三二〇円）、シャコ酢（三六〇円）を注文。ゲタとは舌平目のことだ。成田屋名物、湯豆腐（一九〇円）と鳥酢（一六〇円）も頼む。私とアトムはビール（大・五〇〇円）。らもさんは日本酒の冷や（二二〇円）。酒は津山の地酒、加茂《か も》五葉《ご よう》であった。

らも シャコおいしいな。湯豆腐もおいしいし。

シャコはゆでたものが五つ、ポン酢をつけていただく。鳥酢はかしわと春雨、ネギをあえたものにポン酢がかかっている。こうしたさっぱり系のアテは箸休めにうれしい。

大村　湯豆腐のスープにしっかり味がついていておいしいですわ。これ、一九〇円は値打ちですね。

小堀　酒も二二〇円やから、充分せんべろいけるやろ。わしやったら、この湯豆腐のスープだけで三合くらい呑めるな。

湯豆腐のダシは鳥ガラスープ、豆腐になじみ、酒にもよく合う。普段あまりアテを食べないらもさんだが、丼に入った湯豆腐をきれいに平らげている。

森本　店長の好みもあって、店により多少味の違いはあるんです。メニューはやっぱり肉より魚が多いですから、お客さんの年齢層も少し高くなりますね。

各地にある成田屋の中でも天神町店のファンが多いというのもうなずける。大衆的な店構えだが、落ち着いた雰囲気がある。私らもどちらかというと肉よりもおいしい魚をアテに呑みたい。カウンター向こうの冷蔵庫にも品書きがいっぱい書いてあった。

らも　ベカの煮付け（三二〇円）って何ですか？

森本　小さなイカ、ベイイカのことですね。こっちじゃベカっていいます。

名物ママカリの酢のもの（一九〇円）、しめさば（三二〇円）、他ではあまり見かけない、しめあじ（三二〇円）もあった。やはり酢のもの、干物系が充実している。私はデビラ（二二〇円）が気になったので頼んでみた。小さなカレイの干物が三枚きた。こういうアテならもう日本酒である。アトムは燗酒《かんざけ》を注文。燗酒はポットから特製のぐい呑みに豪快に注いでくれる。「成田屋」のロゴが入ったぐい呑みはかなり大きめで持つと欲しくなる逸品だった。

大村　こんなぐい呑みで呑んでたらどんどんいってしまいますわ。アテも一六〇円のがけっこうあるし、岡山（成田屋）はええとこですね。

ねぎヌタ、こぶ巻、枝豆、酢ごぼうなどがどれも一六〇円。高いものでも天ぷらの盛り合わせが六〇〇円、きすの天ぷらが四七〇円だ。安くておいしいアテがあったら酒がすすむ。私らは加茂五葉を次々とお代わりする。

文通相手に……青春の不純な一頁

大村　らもさん、岡山へ来たことなかったんですよね。

らも　文通はしたことあったな。

小堀　岡山の女の子とですか？　それ、いつ頃ですか？

らも　十七、八の頃かな。『少年マガジン』で詩のコンテストがあって、それに優勝したんだよ。で、その作品を見た（岡山の）女の子が手紙書いてきた。

大村　そんな話どこにも書いたことないんちゃいます？

らも　うん。

小堀　詩の題、覚えてます？
らも　いいや、覚えてへん。賞金は五千円あったな。
小堀　すごいやないですか。選考委員が誰やったか、覚えてはります？
らも　確か、谷川俊太郎さんやったな。その頃書いてた過激な詩じゃなくて、賞金欲しさに入選するように意識して書いたな。
大村　賞金は何に使いはったんですか？
らも　酒、やな。
小堀　で、その手紙くれた女の子とはどうなったんですか？
らも　神戸で、三宮の喫茶店で逢《お》うたな。
小堀　初めて逢った時の目印は何かしたんですか。『少年マガジン』持ってるとか。
らも　いや。（自分の）毛が長いからわかるやろと。
大村　彼女はらもさんのこと気に入ったんでしょ。
らも　うん。
大村　どんな娘《こ》でした？
らも　ガマ。ガマみたいな娘やった。
小堀　えー、アブラがしたたるような感じやったん？　それとも顔が？
らも　顔、やね。童貞だったけど、やりたくなかった。喫茶店で一時間くらい話したんだけど。逢う前は喫茶店の後、酒を一緒に呑んで、その娘が泊まってるホテルへ行って、そこでやろうと思ってた。喫茶店出るなり「じゃ、次があるから」って、逃げてしもたな。

らもさんはその人の名前もしっかり覚えていた。今、その人は岡山で幸せに暮らしているのだろうか。知られざる、中島らもの青春の、不純な一頁《ページ》であった。

らも　「せんべろ」の次は「まんべろ」いうのしよ。

小堀　オヤジやな。

らも　美味飽食して。

小堀　堕落の極みやな。

大村　どこまで落ちられるか。っていってもぼくらスタートの時点でかなり下にいますからね。

銘酒・加茂五葉とアテでいい調子に酔っぱらったところにおかやまアートファームのスタッフ、市《いち》美穂さんがやってきた。ありがたいことに彼女は「せんべろ」の愛読者だという。

市　やっぱり、皆さん、長谷川さんのイラスト通りですね。

大村　イラストより、男前でやせてるはずなんですけど。

岡山の夜はまだまだつづくのであった。

（※成田屋天神町店は別の店になったが、メニューはあまり変わっていない。岡山市内の成田屋は北区表町にある本店のほか、各支店が営業中）

岡山よいとこ

酒が二百二十円。
これは安い。

昨日息子と大阪の「正宗屋」に行ってきたが、「二級酒」が一杯二百四十円であった。無論今は酒に等級はないのだが、そう書いてあった。当然一級酒、特級酒となるにつれて値段はぐんぐん上がっていく。たしか特級で三百二十円だった。それに比べるとこの二百二十円は安い。

酒を三本飲む。肴《さかな》。おれは食わずに飲む方なので百九十円の湯豆腐で十分だ。これでしめて八百五十円。もう七十円出して千七十円で四合飲める。おれはなまじ酒に強いので四合くらいならへっちゃらだが、たしなむ程度の人であればそれこそ千円でべろべろになってしまうだろう。

肴も良かった。湯豆腐は鶏ガラスープで上品でいて旨味《うまみ》が濃い。「ゲタ」の煮付けというのも食べた。これはシタビラメのこと。そういえば九州で「クツゾコ」の唐揚げなるものを食べたが、やはりこれもシタビラメだった。形からどうしても人の足の裏を連想してしまうのだろう。イシモチの子の唐揚げもモチモチした魚味でうまかった。いい店である。ここに引っ越そうかとも思った。

清酒の冷やを三杯飲んで腰を上げる。

二軒目の店もなかなかに上出来だった。肴もオツだった。しかしここで何杯か飲んでいるうちに酔眼モウロウとなってくる。店の可愛い女の子に、

「姉ちゃん、岡山ではオメコのことを何というんや」

「キャー、お客さん、ヘンターイ!」

そんな会話があったようななかったような。

まあとにかく七、八合も飲んだだろうか。足元も少し危くなってホテルへと帰った。小堀さんはその後また近所の炉端焼き屋へ行ったそうな。おそらく一升は飲んでいるだろう。次の朝は漬け過ぎたナスビみたいな顔をしていたもの。

おれはホテルに帰ってアダルトビデオを観た。和製で、これが企画もののシリーズでとても面白かった。抜こうかと思ったが、ああいうのは最初にむくっときたときに手早く抜いておかないとダメだ。あとは軟化したものの先からカウパー氏腺液がだらだらと出るだけだ。あんなもので三発も四発も抜けるという奴《やつ》はサルである。

でもＡＶが面白いので酔眼こすりつつ観ていたら何と朝の五時になっていた。あわててぬるぬるのちんちんをバスタオルで拭いて寝た。

翌日は駅のカフェで地ビールを飲んだ。けっこう馥郁《ふくいく》とした味で喉越しも良かった。ナスビの古漬けになった小堀さんは一口啜《すす》っただけでリタイアした。ざまみろ。

こういう近場の旅もたまにはいいものだ。旨いものを食べてしこたま飲んで、翌日は二日酔いになって、温泉で酒玉《さかだま》をぽこんと抜いて。γ《ガンマ》ＧＴＰが何じゃ、という感じだ。

その十二 鳥獣の珍味に酔う 大阪・池田

連日三十度を超す猛暑の大阪。もうこのまま秋風なんて吹かないんじゃないかと思える今日この頃。日々、安酒を求めてさまよい歩く私らせんべろ探偵もさすがに弱ってまいりました。つい、クーラーの効いた喫茶店でレーコー（関西ではコールコーヒーともいう。早い話がアイスコーヒー）を頼むという堕落した日常になってしまった。情けない。暑い時こそ、大汗を流しながらクーラーのない立ち呑《の》みできめなければいけない。汗をかいて外に出ると夜風が心地良く、いい気持ちでそぞろ歩き。歩いているとまた暑くなってクーラーの効いた店に入ってしまう。

で、レーコーを……。アカンやないか。酒毒でボケたアタマが猛暑の熱気で更にボケボケになってしまっている。この夏を乗り切らないと酒がウマクなる秋を迎えられないではないか。そう云えば、私らは昨年の夏も横浜・黄金町の「がま親分」でホルモン焼きを食べ、精をつけたのだった。やはり、夏場は肉である。食欲のない夏こそ、肉を食べスタミナをつけなければ。とは云っても私らせんべろ探偵がステーキを食べられるワケもなく、またしてもホルモン焼きかと思っていたら、らもさんが、「阪急の池田にケモノの肉ばっかり扱ってる肉屋があるんやけど。小売りだけやなくて、隣りで店の肉使って焼き鳥屋もやってるんや」と、気になるひと言。

池田によく映画を観に行くというらもさん。映画館の行き帰りに通る、そのケモノの肉の店が前から気になっていたという。池田と云えば落語「池田の猪買《ししかい》」である。〝冷え気〟で悩む男が「薬食い」と称して猪《いのしし》の肉を探し求める噺《はなし》だった。猪は冬場のものだが、その店は、猪や鹿といったポピュラーなケモノだけでなく、アザラシとかカンガルー、ワニといったワイルドなケモノの肉も扱っているらしい。私らは椎名誠先生や本多勝一先生のような好奇心旺盛な探究的食通ではない。安酒・安アテが目当ての行きあたりばったりのせんべろ探偵である。はたして、ケモノの店から無事生還できるのであろうか。

ワニ、クマ、アザラシ、何でもあります「食肉百貨」

池田へは阪急電車で梅田から約二十分。本日のせんべろメンバーには関西地区、それもらもさんの家に近いということもあり、らも夫人の美代子さんが特別参加。らもさん、私、大村アトムに、晶穂くん、長谷川義史くんも加わって六名のせんべろ隊ができあがった。

阪急・池田駅から国道一七六号線を越え、栄町商店街を歩く。商店街のあちこちにオーストラリアの特産種・ウォンバットの置き物が置いてある。池田市はオーストラリアのローンセストン市と姉妹都市であり、同市から贈られた本物のウォンバットは市内の五月山《さつきやま》公園内の動物園にいる。池田と云えばウォンバット。

小堀　ウォンバットや。

大村　ああ、ピンク・レディーの。

小堀　それはウォンテッドや。

池田にはウォンバットの五月山公園のほか、阪急の創始者である文人・小林一三《いちぞう》の旧邸・逸翁《いつおう》美術館や演劇専門図書館・池田文庫もある。歴史と文化のある落ち着いた街なんである。

商店街とクロスする車道を右に曲がると最初の信号の所に無数の赤提灯《あかちょうちん》をあしらった迫力ある店が現れる。提灯には、「鹿刺し」「豚足」などの文字のほか、「鰐《わに》」「熊」「兎《うさぎ》」「駝鳥《だちょう》」などの文字が書かれている。提灯の上には「食肉百貨・鳥栄」の看板が。なるほど、この外観ではらもさんが気になるのも無理はない。獣の肉の小売りの横が焼き鳥屋になっている。店の前には何故かシベリアオオカミやキツネ、ワニの剝製が飾ってあった。アトムをその前に立たせて記念写真を撮った。よく似合うのだった。

シベリアオオカミたちの上の看板には「カンガルー」「イルカ」「アザラシ」「ハト」「フワァグラ」「子豚丸焼」などの文字もある。いったい何なんであろうか、この店は。

迫力にたじろぎつつも店内に入ると、ガラスケースには牛、豚、鶏といったおなじみの肉類だけでなく、アザラシ、ワニ、ダチョウなどの肉が並べられていた。ガラスケースの下には、親切に調理法が書かれてあり、「アザラシ　焼き肉」「兎　焼く・煮る」「カンガルー　焼く」「わに　バター焼き」などとあった。うーん「わに　バター焼き」か。思わずその姿を想像する私らであった。

　店の人に話を聞くと、元々は公設市場で鶏肉屋をやっていたが、その後現在の場所に移り、鶏肉だけでなく、様々な肉を小売りするようになったとのことだ（朝八時～夜九時頃。月曜休み）。

　美代子さんはお土産にと店の前で売っていた「馬串」を買っていた。要するに〝焼いた馬肉〟の串であり、皮、つくね、砂ずり、肝といった焼き鳥に混じって売られていた（いつもあるわけではない。だいたい一本一五〇円ぐらい）。

　本日、せんべろ予定の焼き鳥屋は「食肉百貨・鳥栄」の直営で店名も同じ「鳥栄」である。

　十人も入ればほぼいっぱいの小ぢんまりとした店でトイレは二階にある。生ビールがサービスタイム（午後五時～七時）三〇〇円（通常三五〇円）なので、一杯目は迷わず生ビールを注文。らもさんは例によって日本酒（多聞《たもん》）の冷や（三〇〇円）、美代子さんはウーロン茶だ。店の奥では先ほどまで肉屋の方にいた人が調理をしている。店長の横井啓さんであった。夕方からは焼き鳥屋の方で腕をふるっているのだ。珍しい肉の注文があると小売りの方に連絡して届けてもらうシステムだ。まずは鶏の刺身各種と単価一〇〇円の焼き鳥（三角＝尾のつけねの肉、肝、地鶏皮、若鶏皮）を注文する。産地直送というか、〝卸・小売〟の直営店だけあって、どれも皆、新鮮でおいしい。

　地鶏造りは二五〇円。肝、ハート、ずりの造りは二〇〇円だ。品書きをみると「アザラシ六〇〇円」「ダチョウ八〇〇円」「ワニ九〇〇円」とある。珍しい（？）だけあってさすがにいい値段をしている。「ウミガメ一五〇〇円」「熊肉二〇〇〇円」という高級品もあった。これではとてもせんべろは無理なのだが、せっかく来たのだから〝何か〟には挑戦しないといけないだろう。

酒を断ち、また酒に出逢う

大村　今日は二日酔いなんで、あんまり呑めませんよ。
らも　なんでそんなに呑んだの？
大村　十三《じゅうそう》で打ち合わせの後、ビールを呑もうと思ってその辺の店に入ったら、たまたま隣りの席にいた大学の先生と仲良くなって。ぼくは三千円ぐらいしか持ってなかったんですけど、おごったるって云われて。五時ぐらいから終電まで呑んで。何軒行ったかも、どう帰ったかも覚えてないんですわ。
小堀　酒は何を呑んでたん？
大村　主に日本酒ですね。一升は呑んだ思います。
らも　おれもこの前、家で一升呑んだな。そら豆で。
大村　そら豆好きですね。
長谷川　二日酔いにはならへんのですか？
らも　最近はないなあ。
長谷川　二日酔いの時はどうしてはるんです？
らも　しゃあないね。じっとして、夜になるのを待つ。
大村　ぼくはお茶ですね。いっぱい飲むんです。そしたら嫁が怒るんですわ。また、沸かさなあかんゆうて。
小堀　わしはソルマックやね。
大村　どうも薬に頼るのは男らしくない。ま、下痢の時は正露丸飲むんですけど。
小堀　正露丸はええのんか。
大村　はい。
らも　点滴が一番らしいな。ブドウ糖の。おれはやったことはないけど。
小堀　『今夜、すべてのバーで』の中で主人公が医者にブドウ糖打ってもらうシーン出てくるやないですか。あれはらもさんの実体験やないんですか？

らも　何かで読んだんかな。

美代子　あれは私が教えたんだよ。

一九八七年の秋、らもさんはアルコール性肝炎で五十日間入院するのだが、その時入院していた病院が池田市民病院だった。その後一九九〇年にらもさんは『今夜、すべてのバーで』を書くのだが、今こうして「池田で呑む」らもさんを見るのは何とも不思議な感じがする。私は『ザ・ベスト』と『月刊プレイボーイ』を持ってお見舞いに行った。思ったより元気そうだったのを見てホッとしたのを憶《おぼ》えている。でも、あの時はらもさんとまさかまた一緒に酒を呑めるとは思わなかった。ビールから日本酒に切り替え人生の邂逅《かいこう》に柄にもなくシンミリしていると、店長の横井さんが更なる追い討ちをかけてきた。

横井　これ、肝なんですけど、脂《あぶら》肝っていって。

小堀　ひょっとして肝硬変の肝？

横井　そうです。今日はあまり入ってないんですけど、週に三日ぐらいはええのがあるんです。

普通の肝の造りは赤っぽいのだが、この脂肝は黄色っぽい。γ《ガンマ》ＧＴＰは一〇〇〇を優に超えてるだろう。

大村　これ、うまいですわ。他の肝の造りと全然違いますやん。

脂肝は一人前三〇〇円。常連さんは「黄色い肝あるか？」と聞くそうだ。それにしてもらもさんを前にして肝硬変の肝とは。らもさんもつまんで食べている。うまいものはうまいのだ。しかし人間という奴《やつ》はほんとうに業が深い。脂肝で勢いがついてしまった我々は次々と〝まだ見ぬ世界〟を注文してしまう。

小堀　「カッパ軟骨」って何ですか？

横井　一羽に一つしかとれない、鶏の下腹部の軟骨ですね。

美代子　Y字形になってるとこ？

横井　そうです。

大村　さすが養鶏場の娘さんだけありますね。

美代子さんの実家は宝塚で養鶏場を経営していた。そのおかげでらも家は失業中でも卵だけは不自由しなかったと聞く。らもさんは今でも卵には頭が上がらないのだ。

大村　一五〇円って比較的安い値段ですよね。珍しいところなのに。

横井　僕も客で来たいです。

小堀　カンガルー（四〇〇円）いってみようか。

晶穂　アザラシ（六〇〇円）もいってみたいです。

らも　アザラシ、姿造りだと困るな。

大村　どうやって食べるんですか。
らも　国際プロレスが解散の時にな、北海道の北の涯《はて》まで行って、トドのカレーを食って解散や。社長が「みんな頑張ったけど、トドのつまりが……」。
小堀　ええ話やな。泣けてくる。でも、「とどのつまり」は魚のボラのことですよね。ボラは小さい順にハク、オボコ、イナ、ボラとなって最後がトド。トドになると、もうまずくて食べられへん。
長谷川　ボラのヘソ（胃の部分）は昔、食いましたよ。佃煮《つくだに》みたいにして。コリコリしてましたね。焼いてあったのかな。
カンガルーとアザラシは七輪でよく焼くことにする。こうした珍しい肉は専門の商社から仕入れているそうだ。
美代子　カンガルーは柔らかいね。
小堀　羊系の味ですね。ちょっとシシカバブみたい。
大村　小堀さん、アザラシも早《は》よいって下さいよ。
小堀　わかってるがな。
美代子　アザラシは牛に似てるかな。
小堀　というより、昔、給食で食べたクジラに似てるわ。安いクジラの印象やね。今はクジラも高いけどな。

珍獣の肉を次々と食らううち、せんべろはいつのまにかどこかへ行き、ワイルドな食評会の相を呈してきた。

晶穂　「とさか」はどうでしょうか？

大村　「とさか」って女の人のアソコみたいでしょ。

らも　君とこだけやろ。

謎を解くべく「とさか」（三〇〇円）も頼んでみる。なるほど鮮やかなピンク色とヒダヒダ姿がちょっとイヤらしい。よく焼くと軟骨みたいな感じになるという。

大村　やっぱ、似てますよね。

美代子　こんなヒダヒダないよ。

小堀　まあとにかく一羽に一つしかないわな。

らも　しかも雄鶏だけだからな。お、うまいよ、これ。

小堀　酒のアテですね、「カッパ軟骨」と「とさか」は。下腹部とアタマのてっぺんなんやね。どちらも体に一つしかない。

らも　焼酎にいい感じかな。

小堀　しかし、〝せんべろ〟で初めてやな。アトムがウーロン茶飲んでるのは。

大村　ぼくも何年振りかですわ。人が酒呑んでる時にお茶ってのは。

はたしてスタミナがついたかどうかはわからぬが、何やら体の一部が元気になったような気はした。らもさんとアトムは豚足を買って帰った。私はと云えば、当初のビビリはどこへやら、今度はウォンバットが食べたいと思うのだった。

（※「鳥栄」は閉店になりました）

らもの
らっぱ呑み

ゲテモノ食い

江戸時代、両国に「もゝんじや」なるものがあって、ここでは鹿、馬、牛、猪《いのしし》、狸《たぬき》、熊などの畜肉を食わせたそうだ。

庶民はゲテモノを食うという感覚ではなく、「精をつける」ためにたまに足を運んだようだ。

当時の日本人の蛋白源《たんぱくげん》は、魚、貝、ジャコ、豆腐、豆などであったから畜肉を口にすることはなかった。身体が弱ったときには卵、これで身の養いとしていた。だから「もゝんじや」へ行くことは一種の非常事態であり、禁を犯すことでもあったのだ。

明治になってから牛鍋が盛んになって、同時に人々は他のいろんな動物にも手を出すようになった。百八十度の転回である。それまでの江戸時代では、たとえば鹿を殺した者は「石子詰《いしこづ》め」の刑に処されていたのだ。

それが大正期にもなると畜肉を食うことは当たり前のことになった。内田百閒は某日友を呼んで、馬肉と鹿肉の「馬鹿鍋」をやって大酔している。

しかし、今の日本は異常だ。カンガルー、アザラシ、海亀、ワニ、こんなものを喰《く》う必要がどこにあるのか。酔狂の極みである。

それどころか我々は知らないうちにとんでもないものを口にしていることも多々ある。ソーセージの原料に「その他畜肉」と記してあるが、あれはカンガルーとウサギである。カンガルーは毎年尻っ尾だけをオーストラリアから何百トンと輸入している。ウサギの肉はねばり気が強いのでソーセージのつなぎには欠かせない。知らないうちにゲテを食っているのだ。

かく言うおれは今春テレビの仕事でタイに行って、タガメ、バッタ、カブトガニなどを食べた。カブトガニは卵だけを炒《いた》めて食べる。けっこうつらいものがあった。

自分でもいかんな、と思うのは犬が好きなことである。上海で一度、日本で三度食べた。

新宿コマの裏道に一軒の中華料理屋があり、ここのメニューを見てみると、普通の料理に並んで「狗鍋」というのがある。イヌである。七、八人のスタッフと皆で食べた。肉はあっさりとしている。皮の部分はゼラチン質があって、ぬめりとしていてうまい。

店のおばちゃんは中国人だが、皿を運びながら、

「アカイヌよ、アカイヌ！」

と叫んでいた。

自宅ではシェットランド・シープドッグを一匹飼っているが、犬を喰って帰ってきた日には合わす顔がなかった。

変なものに手を出さず、我々は牛、豚、鶏を食べていればいいのだ。これらは多々ある畜肉の中からうまさによって淘汰されてきたものだからである。でも、雉《きじ》はうまい。鶏よりうまい。

その十三
大衆酒場の真髄にふれる
東京・十条 東十条

今更、私が云うまでもないが、世の中には酒呑《の》みが多い。類は友を呼ぶというか、〝せんべろ〟が〝せんべろ〟を呼ぶというか、まわりから陸続とせんべろ情報が集まってくるようになった。とりわけ、私のような編集渡世の者には酒呑みが多く、先日もF社の編集者Mくんと呑んでいたら、

「小堀さん、東京の十条《じゅうじょう》には行きましたか。『斎藤酒場』っていって、昭和の初めからやっている渋い店があるんですよ」と云う。十条という、関西人には耳慣れない地名と「斎藤酒場」という、酒呑みな関西人がいかにも好きそうな店名に思わずカラダが反応してしまう。

「何しろ安くてウマイし、店の雰囲気もいい。ここはオススメです」

Mくんは呑んでいた店のレシートに「斎藤酒場」の行き方をメモしてくれた。まだ泥酔していなかった私はありがたくMくんのメモをいただき、バッグの底に忍ばせた。こういう情報は貴重である。早速、大村アトムに電話すると、「居酒屋礼賛」のホームページにも載っているという。

「アテはポテトサラダが名物やそうですから、小堀さん、行かなあきまへんで」

アトムは私の「ポテサラ好き」はどうしても解せない、「人相に合いませんわ」とまで云うのだが、好きなものは仕方がない。今回はらもさんも〝せんべろ〟以外、東京での仕事はなく、私ら二人は安酒とポテトサラダ（私だけだが）を求めて新幹線に乗ったのだった。

七十四年の歳月を刻む十条の名店

十条は池袋からJR埼京線で二つめ。赤羽の一つ手前になる。駅前（北口）に降り立った私らはせっかくだからとアーケードのある商店街をブラつくことにした。駅のそばの交番横にごく小さな（猫の額ほどと云ったらいいか）公園があり、中年のサラリーマンたちがスポーツ新聞を廻《まわ》し読みしていた。交番では何やら男がわめいている。

「平均出玉とちゃうやないか!!」

男はパチンコ屋の店員らしい男にくってかかっており、それを警官がなだめているようにみえた。パチンコの出玉に文句をつけ、警察ざたにするなど、あの男は関西人であろうか。

大村　小堀さん、よう、そんな会話聴こえてきますね。

小堀　普段は耳、遠いねんけどな。男が「パチンコ」云いよったからな。

大村　関西人ぽい怒り方やけど、大阪でパチンコ店の店員に文句は中々云いませんよね。

小堀　そやな。度胸いるわな。

「関西人とゴキブリは世界のどこにでもいる」――ふと、そんな世紀末の格言がアタマに浮かんだが、今はもう二十一世紀だ。気を取り直して商店街を歩く。ハマグリ、アサリ、シジミと貝類ばっかり売っている店があった。みると貝の他に大きなバケツにドジョウを入れて売っている。バケツは二つあり、ひとつは普通のドジョウだが、もう一つは通常の倍ぐらいある大きなドジョウが入っており、サキドジョウと書かれてあった。店の人に「種類が違うの？」と訊《き》くと「同じドジョウで大きいだけ」との返事。大きいのは腹を割いて「柳川《やながわ》」にするという。東京だなあと思う。関西ではまず、見かけない光景だ。おでんを売っている屋台もあった。酒類は販売せず、引き売りでおでんだけを売っている。

「晩ごはんのオカズやろな」とらもさん。安くて親切そうな店が並んでいて、人の往来も多い。

「住みやすそうな街やな」

らもさんの一言に私もアトムもうなずく。アーケードがあるからか、大阪の下町に感じが少し似ている。前回で紹介した阪急の池田にも似ている気がした。

五時をまわったところで駅前に戻り、いよいよ「斎藤酒場」に赴く。

十条駅北口から駅前ロータリーに沿って右に廻り、すぐの路地を右に入ると左手に「斎藤酒場」はあった（駅から徒歩一分）。

藍染めの大きなノレンに白ヌキで「創業昭和三年」とあり、ノレンいっぱいに迫力ある文字で「大衆酒場」とある。「大衆」と「酒場」の間に、「斎藤」の文字があり、「斎藤酒場」は通称で「大衆酒場　斎藤」が正しい名称のようだ。どこか老舗《しにせ》の和風旅館といった趣で、なるほど名店の名に恥じぬたたずまいだ。ガラス戸が開いていたので私ら三人はスッと入る。一瞬、先客の視線を感じるが、同時に店の女の人が「いらっしゃい」と声をかけてくれる。客席（約五十席）は使い込んだ木（ケヤキの一枚板）のテーブルで長方形のものもあればL字形になったものもある。天然の木の形に何千、何万という人の手が何十年という時間をかけて触れてきたのだろう。それぞれのテーブルが微妙に形を変え、木の照りに酒の照りが加わって独特の光を放っている。

私らは一番奥のテーブルにつくことができた。入口の正面に当たるので店全体が見わたせる。「アサヒゴールド」「リボンシトロン」といった懐かしい銘柄のロゴが入った鏡、サッポロビールのレトロなポスターが老舗の時間を物語るが、中でも「齋藤酒店專賣《せんばい》」の文字が入った木の看板が印象的だった。中央に「正宗」の銘が入り、その下には（右から）「ウンリユマサムネ」とあった。左から読んだのでは何のことかわからないのだ。

店の人に話を聞くと元々は酒屋であったらしい。店内で働いているのは女の人ばかりで皆、テキパキと注文をこなしている。老舗にありがちな構えたところがないのも気持ちがいい。席に座るとまず、割りばしとお通しの小皿が置かれる。小皿には落花生が三つ。落花生は食べた後、殻がはし置きになる。アトムはあっという間に三つ食べてしまった。私はと云えば帰りの新幹線で呑むビールのアテにしようと、イジましくポケットにしまい込む。品書きをみると二〇〇円台が多く、お目当てのポテトサラダも二〇〇円だ。らもさんは日本酒の冷や（一六〇円）、私とアトムはビール（大・四四〇円）。酒がコップ一杯一六〇円とは破格の安さだ。アテはポテトサラダ、ナスみそいため、もつ煮込みを注文。どれも皆二〇〇円だ。らもさんはめごちの天ぷら（三五〇円）を注文。念願のポテトサラダはレタスがそえられ量も申し分なかった。味は〝昔お呼ばれに行った料理自慢のおばさんの味〟であった。品書きにある「美味自家製」通りである。もつ煮込みはブツ切りのコンニャクが入っており、甘すぎず辛すぎず、汁まで呑める。ナスみそいためもそうだったが、どのアテも酒呑みが欲しがる懐かしい、いつか食べた家庭料理の味であった。店の人に写真撮影と取材をおねがいすると、店主のおかみさんが「今は他のお客さまの迷惑になるから、明日の開店前ならいいですよ」。おっしゃる通りである。明日また出直すことにして、今日のところは呑むしかないのであった。

小堀　東京はこういう静かな店がまだ残っているんやな。

大村　ほんまですね。朝日新聞読みながら呑んではる人もいますわ。

大阪なら大衆酒場の新聞はスポーツ紙か競馬新聞と相場は決まっているのだが。何やらコピーした論文のようなものを読みながら日本酒を呑む紳士もいた。まだ六時前なのに店の人の「ありがとうございました」の声が何度もする。常連さんは、自分の分の晩酌をしたら長居をせずに帰るんだろう。ひとりで来ている客も多い。

ビールはサッポロで黒生の他、関西にはあまり置いていないサッポロラガーがあるのもうれしい。酒は埼玉の清龍《せいりゅう》で、よく磨かれたやや小ぶりのグラスに入って出てくる。これが常温でなく、ほどよく冷えていて呑みやすい。

大村　ぼく、おり酒（兵庫のヤヱガキ酒造の寒造り生酒。一八〇円）もらいますわ。

らも　にごり酒やな。

酒は他に、たる酒（長野の亀田屋酒造の亀の世。二三〇円）もある。

アトムが品書きに谷中《やなか》しょうが（二〇〇円）を見つける。

大村　大阪にはないですよね。

らも　はじかみ、やな。

生のしょうがが六本。みそをつけていただく。

大村　赤く着色したやつはみたことあるけど、こういう天然のものは初めてみましたわ。

小堀　スイカと一緒でどこまでかじるかで人間性出るよな。

谷中しょうがはみそをつけても、つけずにそのままでもおいしかった。ホントにこんなアテがあったら冷や酒をナンボでも呑んでしまう。

小堀　大阪と違って、あんまり壊れている人はいませんね。

大村　一回でもここで壊れると次からは来にくいですね。

小堀　らもさん、体調はどうなんですか。今日はもう日本酒三杯呑んでるけど。

らも　おれは一応、七時前は呑まないようにしてんねん。

大村　戒めですか。今日は破っちゃいましたね。

らも　そういうことや。ツライわ。

小堀　新世界では昼一時から呑んでたやないですか。

この夏はらもさんも夏バテ、暑気あたりで一日なすび一本とか刺身コンニャク四切れの日もあったとか。秋になりらもさんも調子が戻ってきた。今日はもう一軒行く予定なので常連さん同様、早めに切り上げることにする。この後、ポテトサラダと並んで名物のカレーコロッケと串カツ（どちらも二つついて二〇〇円）も食べて勘定は四千四百八十円であった。

翌日、おかみさんにお話を伺った。十条で一番古い酒屋だった斎藤酒店で働いていたおかみさんのお父さんがノレン分けで今の場所に店を出したのが始まりとのことで、だから店名も「斎藤」で、おかみさんの本名は吉田さんであった。戦争中は国民酒場になり、戦後すぐに今の内装につくり変えたという。現在はおかみさんの長男が調理場を担当し、お嫁さんが店に出て手伝っている。

各テーブルに紫色の小さな花（ヒメパンジー）の一輪挿しがあったが、その花もおかみさんが家の前の花を毎日挿し替えているという。料理だけでなく、こうしたさりげない心遣いが客にはうれしいものだ。

「うちは晩酌に毎日通ってもらうような奥様公認の酒場。お客さまに喜ばれるお茶の間のような店でありたい」とおかみさんは云う。一番誇れるのは「質のいいお客さんに支えられている」こと。店と同じで三代つづいているお客さんもいるそうだ。酒店でなく酒場になったのは、おかみさんのお父さんが「女手でもできるように」と接客中心の大衆酒場にしてくれたからとのこと。おかみさんは今年七十歳というが、舞台女優と同じで客と毎日向き合っているからだろう、快活でハキハキと話し、若々しい。

「お客さんは値を上げろと云うけれど、できる限りこのままで、いいお客さんとたのしみながら商売をしようと嫁にも云ってるんです」との言葉が心に遺《のこ》った。

東十条に巣喰う関西人脈

「もう一軒行こう」と十条から東十条へ歩いていったら東十条の駅前に「立のみ大安」という看板が。「斎藤酒場」で静かに、おとなしく呑んでいた私らの正体を見透かし、あざわらうような店構えが「さあ入れ、ここでフツーに呑んでいけ」と手招きしている。間口一間半ほどの小さな店だが道路に面して入口のところで焼き鳥を焼き、濃厚な匂いと煙が酔っぱらいを呼び寄せる。奥は立ち呑みになっており、私らは一番奥に立った。らもさんとアトムは日本酒の冷や（三〇〇円）、私は生ビール（四〇〇円）を注文。焼き鳥とおでんは一本（一品）が八〇円平均と安い。すでに酔っている私らはテキトーに焼き鳥とおでんを注文。私が店の人に「店名はやっぱり『大安吉日』からとったんですか？」と聞くと、立ち呑み先客の兄ちゃんが「えー、だいやすとちゃうの？」と突っ込んできた。すると店の人が「『大安《たいあん》』に決まってるがな」と突っ込み返す。このノリはもしかしてと思ったら客の兄ちゃんは神戸出身の関西人であった。アトムが「へえー、神戸ですか。ぼくらも大阪から来たんです」と云うと、今度は表で呑んでいた二人連れが「わしは生野《いくの》や」「わしは北加賀屋《きたかがや》やで」とイキナリの出自発言。あっという間に狭い立ち呑みがディープな関西ワールドになってしまった。店長がこの店を始めたきっかけも大阪で立ち呑みに行ったことからららしいが、ホンマに類は友を呼ぶ、関西人は関西人を呼び寄せるのだ。この後はやはりというか、お好み焼きとうどんと阪神タイガースの話になり、めでたくタイガースもこの夜は勝利したのだった。

口火を切った件《くだん》の兄ちゃんは東京へ出て八年と云っていた。「俺の小言と深酒は後からじっくり効いてくるんや」と含蓄のあるお言葉も吐いておられた。私らは十条「斎藤酒場」～東十条「大安」と廻ったが、この逆コースもいいかもしれない。どちらもその「酒場」にしかない、それぞれの「人生」があり、忘れられない一夜になるだろう。

（※「大安」は店舗老朽化のため、二〇〇三年一月末で閉店になりました）

らもの
らっぱ呑み

蕎麦屋酒

　おれはもう何年も自宅で仕事をしている。玉造にある事務所には殆ど行かない。

　規則正しい生活である。毎日昼の二時くらいに起きる。ロングピースをたて続けに三本吸って一息つき、コーヒーを飲みながらまた四本くらい吸う。それからゲラを見たり、原稿を書いたりする。原稿は三枚くらいから三十枚くらいである。三十枚は一日で書けるが明け方まで飲まず喰《く》わずということになるので、最近は二日か三日に分けて書くようにしている。全く原稿を書かない日も多々ある。そういうときには本を読む。最近はラテン文学を読むことが多い。ところが先日、アンドレ・ピエール・ド・マンディアルグの「すべては消えゆく」（中条省平訳・白水社）を読んだところ、非常な文学的ショックを受けて、その後二、三日は呆然として、本を読むことも仕事をすることも何もできなくなってしまった。

　まあそんなことはめったにあることではないので、基本的には心静かな生活である。

　夜の八時くらいになると酒を飲む。これが一日一回の食事である。肴《さかな》は豚肉か鶏肉を炒《いた》めたもの、野菜のおひたし、豆腐とかそういったものであって、米の飯は食わない。だらだらと飲み続けて夜中になったら睡眠薬を飲んで眠る。毎日がこれの繰り返しだ。

　おれの住んでいる町内はひっそりとした住宅地で飲食店というものがない。前にはあったのだ。「ニューヨーク」という喫茶店が歩いて二分くらいのところにあって、ここの出す弁当はとてもうまかった。魚と肉と生野菜、根菜の煮物が必ず入っていて、家でかた寄ったものを食べるよりはよほどよいので、夕方になるとよく家まで出前してもらった。ここはおれの家の一種、生命線でもあった。ところが、ママが体調を崩して一年前に店を閉めてしまった。これには困った。

他にもう一軒、工事人夫やタクシードライバーを客とする「一平」という食堂があった。焼きそばがおいしかったのだが、ここも二カ月前に店を閉めてしまった。だからおれの家は自炊するしか手がなくなったのだ。

それはそれで何の過不足もないのだが、ひとつだけ恨みに思うことがある。それは蕎麦屋《そばや》がないことだ。おれは蕎麦喰いだし、蕎麦屋で酒を飲むことが好きなのだ。昼間蕎麦屋で静かに二合くらいの酒を飲むのはとても良い気散じになる。駄蕎麦屋でいいのだ。町内に一軒あればと思う。

今回、「斎藤酒場」で飲んでいて、蕎麦屋で飲んでいるときのあの感じを思い出した。店内はとても静かで一人一人の客が自分のためだけの酒を飲んでいる。一杯百六十円なので、千円でベロベロになろうと思えば不可能ではないが、そんなことをする客はいない。三杯くらい飲んでほんのりと潤ったらサッと帰る。

おれが自分の町内に求めていたのはこれだ、と思った。いつも通りの簡素な肴があって、ほど良く冷やした酒があって、そして必ず自分のための席がある。ぼんやり何も考えないで小一時間を過ごす。今の日本に失われてしまったのはこういう空間なのだ。

十条に引っ越そうかという考えが本気で脳裡《のうり》を過《よぎ》った。「斎藤酒場」がおれの町内に引っ越してきてくれたら一番いいのだが……。

その十四
市場で呑む幸せ
神戸、三宮

安酒と安アテを求めて東へ西へ（ホントは北や南へも行きたいが）さすらい歩く私らせんべろ探偵だが、ただ安けりゃいいというものでもない。気持ちよく呑《の》める店の雰囲気があって初めて〝せんべろ〟が成り立つ。歴史ある落ち着いた店であれ、できたばかりの新店であれ、一見《いちげん》の客でも気さくに呑ませてくれる雰囲気が店内にないといけない。いくら安い立ち呑みであっても店内が荒《すさ》んでいては酒がマズクなる。安くて、うまくて、雰囲気がよく、その上でその店にしかない独特の個性、ロケーションの良さがあれば云うことない。

呑む前と後に辺りを散策できるような所がいいんである。これまでに私らが訪ね歩いた所はどの土地も歩いていてたのしい所ばかりであった。次はどの街へ行こうかと思案をめぐらすのも、せんべろ探偵のたのしみの一つである。秋になり、見知らぬ街の人情ある安酒場でふと物思ひにふける自分を想像していたら、

「神戸の三宮はどないですか？」と大村アトムが云う。

「三宮？　神戸は前に新開地の『赤ひげ』に行ったやないか。それに新開地より、近いのがあかんな。わしはもっと遠くへ行きたい」

「三宮いうても市場の店でっせ。小堀さん、市場好きなんちゃいますの」

私はスーパーマーケットも大好きだが、市場はスーパーの比ではない。だいたい私らのガキの頃は市場と商店街しかなかったのだ。魚、肉、野菜、果物、乾物、菓子ｅｔｃ……食べものが何でも揃《そろ》う市場と商店街はパラダイスであった。客と向き合う対面商売もたのしかった。アーケードのある絶好の商店街が各地に残る大阪でもさすがに市場は少なくなった。神戸の、それも中心地の三宮に市場があるとは不覚にも知らなかった。

市場の中に居酒屋がある幸せ

「市場の中に居酒屋があって、何せ市場やから魚とかは近所から仕入れて出してるんですわ」

市場で呑みまくり、食べまくる自分の姿がよぎった。アトムは酒好きでおまけに食い意地のはった私の性癖をよく知っている。見知らぬ街への憧憬は後まわしに、知られざる市場酒場（オーバーか!?）で呑みかつ食らおうとまずは阪急電車の切符を買う私であった。

阪急・三宮駅西口でらもさん、晶穂くん、アトムと待ち合わせ。近場ということもあり、イラストレーターの長谷川くんも同行。彼も市場好きだ。そう云えば長谷川くんの生まれ育った藤井寺（大阪近鉄バファローズのかつてのフランチャイズ）にも市場があった。鯨の専門店があったのを憶《おぼ》えている。

西口から三宮センター街にあるセンタープラザの西館に向かう。駅からは歩いて三、四分の距離だ。市場はセンタープラザ西館の地下1Fにあった。その名も「三宮市場」。八百屋、魚屋、鶏肉屋、乾物屋などが並ぶ小ぢんまりとした市場でカツ丼、牛丼、ウナ丼などの丼ものの飲食店も多かった。すじ玉丼（牛すじの卵とじか？）、カツのせ牛丼などというヘヴィなメニューもあったが私らは丼ものを食べに来たのではない。目指す居酒屋は「丸吉」といい、市場に入ってすぐ右手の奥にあった。

店内はテーブルが八つ（約八十席）とかなり広い。昼間は各種定食をやっていて、うどん・そばなど麵類は隣りの「丸八製麵所」から仕入れている。丸八さんの隣りが鮮魚の「魚太商店」。刺身、煮物、焼物等の魚関係は魚太さんからの仕入れである。「産直」ならぬ「市直」なんである。

市場の手前にミニFM局「FMムーヴ」のスタジオがあり、アトムはそこのスタッフの人にこの「丸吉」を教えてもらったという。

まだ夕方の五時前なので先客は年配のサラリーマン風の人がひとりだけ。テレビを見ながらビールを呑んでいた。私らもとりあえずのビール（中瓶・三五〇円）を注文。らもさんは例によって日本酒の冷や（三〇〇円）。出てきた酒はワンカップ大関（一合）

であった。

小堀　ワンカップ大関がそのまま出てくるゆうのが、ええ感じですね。

らも　よう冷えてるよ。

私らが呑み始めたら、先客の方がらもさんにサインを頼みに来た。手帖《てちょう》のあき頁《ページ》にらもさんがサインしていると店主の後《うしろ》忠雄さんがやってきて、「らもさん、昔はおもろいこと云うとったのに、最近はアカンがな」といきなりのダメ出し。関西のオヤジは愛あるツッコミをしてくるんである。

後さんは地元生まれの六十歳。丸吉さんは、元々はかまぼこの店で、それも結婚式などの祝事の料理で使う鶴や松の細工物のかまぼこの店だったという。それが九五年の阪神・淡路大震災でお得意さんが亡くなり、細工物のかまぼこの需要も少なくなってきたこともあり、思いきって居酒屋に商売替えしたとのこと。市場の各店を示す看板には今でも、「蒲鉾・天婦羅　婚礼物一式　丸吉かまぼこ」とあった。震災から七年、今ここで酒が呑める仕合わせをしみじみ思う。かまぼこの店だっただけあって揚げものはすべて自家製で揚げたてが自慢だが、私らは揚げものは後にまわし、まずはアトムおすすめの造り盛り合わせを注文。おでん盛り合わせ、枝豆、もろきゅう、ふぐ皮のおろしポン酢あえも注文する。

大村　この造り盛り見て下さいよ。これで四〇〇円は値打ちですよ。

さすがに造り盛りなど滅多に頼まないアトムが云うだけあって、ヨコワ（クロマグロの若いもの）が五切れにスズキとハマチが三切れずつついた一皿が四〇〇円とは安い！先ほどまで魚太さんに並んでいたのであろうか、新鮮でうまい。おでん盛り（六品）も四五〇円と安く、枝豆、もろきゅう、ふぐ皮ポン酢あえは各二〇〇円だ。

小堀　アテの質と量がこの値段やったらビールが中瓶でもいいか。

らも　だいたい二〇〇〜三〇〇円台のアテが多いな。

小堀　壁の白タイルが市場らしくていい味だしてる。

らも　病院とか散髪屋みたいな感じもするけど。

大村　テーブルも椅子もどっかのホールに置いてあったようなんやし。

テーブルは事務用の長机、椅子も同様の事務用であった。

らも　アジア行ったらよくこういう店あるよ。市場の中にパッと開けたスペースがあって、そこで呑み食いしてる。

大村　タイの屋台でも、飲みものは横の店から買ってくるとかありましたね。

らも　ベトナムもそうやったな。

長谷川　ほんまにアジアの感じがしますね。

私らがいい調子で酔い出したら、後さんが天ぷらの盛り合わせを持ってきた。ハモ、カマス、イカの天ぷらだ。揚げたてはモチロンのことだが、どれもみな肉厚でボリュームがある。

後　これが一つ七〇円ですわ。はっきり云うてスーパーで買うより安いで。天ぷらは塩味がついていて天つゆなしでも充分いける。七〇円は確かに安い。インゲンの天ぷらも注文する。こちらも一つが七〇円だ。実際、市場で買い物をして、その場で呑んでいる感覚である。アテが安いとワンカップのお代わりがすすんでしまう。

小堀　今まで食べたアテで一番高いのって何かな？

大村　ぼくは大名舟盛りですね。

小堀　この足軽ふぜいが。

大村　えらいツッコミやな。

小堀　わしの家に電池で動く舟盛りセットがある。タイの尾頭がカクカク動くんや。

大村　そんなんあるんですか？　見てみたいな。

らも　おれは芸者呼んで真っ裸にして、その上に刺身のっけて、食べた。一人前八万円ぐらいかな。

大村　でも女体盛りって、持ってこられた瞬間に「お前イキが悪い」ってことないですか。

小堀　キャンセルできへんしな。らもさん、東京で〝食べ〟はったんですか。

らも　嘘《うそ》に決まってるがな。

私らがアホな話をしているうちに、客がどんどんつめかけてきた。ほとんどがネクタイ姿のサラリーマン風で年齢層が高い。仕事帰りに一杯にはもってこいの店だ。みんなよく知っている。

ここはアジアのカオスか⁉

晶穂　ここの一角は凄《すご》いですね。
らも　パリのカフェーと一緒やな。客がどんどん広がっていくね。
先ほどまで八つだったテーブルが一つ増えて九つになっている。
らも　バリで土産物屋とか小間物屋とかがびっしり並んでいるとこなんやけど、真ん中に広場が開けていて、そこで呑んだことあるな。そんな感じやな。
大村　バリはアテが甘いですからね、甘い焼き鳥とか。
らも　サテな。
小堀　南京玉すだれ。
大村　また、しょうもないこと云うてからに。
客が増えてくると私らのメートルも上がってくる。何か変わったアテを頼もうと品書きをみていたらクラゲの刺身（三五〇円）があった。前回の「斎藤酒場」にもあったのだが、食べそびれていた。うな串とうなキモの串盛り合わせ（三〇〇円）も併せて注文する。酒もワンカップ大関から兵庫・丹波の地酒、春美人に切り替える。一合三五〇円とちと高いが、「これはいける‼」とポスターにあるので頼んでしまう。

大村　春美人ってちょっと恥ずかしいネーミングですね。

らも　美少年よりましやろ。

小堀　阿倍野で呑もうとしたくせに。一人娘っていう酒もあるな。

運ばれてきた春美人は名前に反し、思ったより甘くなかった。やや辛口でワンカップ大関の後にはちょうどいい。クラゲの刺身はコリコリとした食感で、カロリーも低そうだ。逆にうな串とうなキモの盛り合わせは二本ずつついていて精がつきそうだ。オヤジには人気があるんだろう。

アトムがトイレに立ったついでに（市場ゆえ、トイレはビルの共用トイレになる）近所のうなぎ屋の品書きを盗み見してきた。

大村　横のうなぎ屋、一五〇〇円で呑みもの三杯とアテが三、四品つくんですよ。

小堀　その一五〇〇円セットを三人で頼んでもええのかな。

大村　どうでしょう。ええ大人はちょっとしにくいんちゃいますの。

らも　おれ、一番高いアテ思い出した。学生のとき、尼崎のふぐ屋でひとりでてっり食べて酒呑んだことある。それが一番高いアテや。

大村　奥さんの財布から金とって呑みに行ったんですよね。
らも　うん。昼間やから高い店しか開いてなかった。
小堀　ふぐはそのとき初めてでした？
らも　いや、そんなことないよ。
小堀　わしは生まれて初めてふぐ食ったときに罪悪感あったな。名古屋にいた頃や。
長谷川　そんなもんですか。
大村　ぼくは嫁の留守にエアコンつけてるときに罪悪感あります。
小堀　わしは扇風機を〝強〟にしたら罪悪感あるな。
大村　庶民ですね。
小堀　名古屋ではふぐなんか普段は食べないからな。二十代の頃、芝居してた奴《やつ》がたまたま金が入って三人でふぐ食べに行った。二人前鍋を頼んで、てっさも一人前頼んで、ひれ酒もひとり一杯ずつ呑んだな。若い頃からこんなことしてええんやろかと後味悪かったな。
らも　あんまり良くないな。
安酒を呑み、安くてうまいアテを食べているせいか、酒呑みのザンゲが始まってしまった。アトムは日本酒を都合五杯、私とらもさんも四杯あけている。調子づいた私らは更にもう一回造り盛りを頼み、タコワサも頼み、おまけに味噌汁《みそしる》まで頼んでしまった。

気がつけばもう三時間以上もここで呑んでいるんである。店内は絶好調で前後の客の会話が心地良いノイズとなって伝わってくる。

小堀　ビルの地下にカオスができてるな。

らも　ホンマにここは〝穴場〟や。

丸吉ではひとりあたり二千円も呑んでしまった。もう完全にへべれけである。地上に出た私らを待っていたのはさらなる酩酊《めいてい》の海であった。三宮の夜は地下から始まるのだ。

らもの
らっぱ呑み

市場を呑む

これは長年のおれのファンタジーであった。

一升壜《びん》を一本と箸を持って、その辺の町の市場に行く。そうそう小さな床几《しょうぎ》も忘れてはならない。

まず魚屋の前に床几を置いて座り、本日の魚を眺め渡す。

「大将、今日は何がいい」

「うん。ヒラメとスルメイカだね」

「じゃ、ヒラメを、そっちの小さい奴《やつ》を刺身に引いてくれる」

「あいよ」

切られてきたのにショウユをかけてもらい、その場で食う。酒を紙コップに注いでこぷこぷと飲む。アカガイも造ってもらう。また酒で喉の粘りを洗い流す。

床几をたたんで、次は肉屋へ行く。肉屋の店頭では必ずラードでコロッケを揚げている。普通のイモのコロッケとミンチカツを一個ずつ買って、舌を灼《や》きながら頬張る。生レバーがあればそれももらう。これらを肴《さかな》にまた店頭で二合ほど飲む。

そして、八百屋、乾物屋、味《み》噌《そ》屋《や》と荒らして歩く。市場の反対側の出口に出る頃にはもうベロベロに酔っている。出口に薬局があるのでソルマックを一本飲んどく。これができたら楽しいだろうな、と考えていたのだが、釜山《プサン》のチャガルチ市場はこれに近かった。体育館ほどの広さの空間に、活魚屋のブースがずらりと櫛比《しっぴ》している。売っているのはヒラメ、タコ、イカ、アワビ、ホヤなど。店でこれを買って二階へ行くと料理屋が並んでいて好きに調理してくれる。聞けば沖縄にも同じシステムの市場があるそうだ。

しかし、考えればデパートの地下一階の食料品売場などはこれに近いのではないか。数多《あまた》の試食品を勧めてくれる。クウォーターサイズのバーボンを一本ポケットに忍ばせておけばけっこう酔えるのではないか。酒がなくなれば買い足せばよいのだ。つまみは無料なのだから、これは確実に千円でベロベロになる。

タイの屋台なんかもそうで、あそこは並んだ屋台同士で料理の貸し借りをしているから、一軒に座れば居ながらにしてどの屋台の料理でも食える。鶏、豚、魚のつみれ、バーミー（麺）、メコン・ウィスキー。

今回の三宮のど真ん中にある地下市場の食堂も、まさにそういった趣きを漂わせた空間だった。食材は全て市場の中のものだから、これは市場を飲み食いしているのと同じことである。店で出てくる刺身は、魚屋の店頭に並んでいるそれにちょっと色をつけました、くらいの安さだ。野菜も新鮮だ。おれは積年のチープな夢がかなって嬉《うれ》しかったのか、けっこうワンカップを並べてしまった。

ただひとつ難を言えば、一升壜と箸を持ってウロウロするという「彷徨感《ほうこうかん》」がなかった。どっしり腰を据えて飲んでしまったのである。

その十五
つげ義春的名店
広島・福山

〝せんべろの旅〟今回は山陽道、備後《びんご》は福山である。山陽新幹線ひかり号で大阪からおよそ一時間。駅の北側にそびえる福山城を車窓から見た人も多いだろう。古くは備後十一万石、現在は広島県下第二の中核都市で春と秋には市内にバラが咲き誇る〝バラの街〟としても有名である。

二〇〇二年の夏、岡山で瀬戸内の魚をアテにせんべろ三昧《ざんまい》した私らはひそかに〝山陽道制覇〟を目論《もくろ》んでいた。アテには安い瀬戸内の小魚が合うんである。耳寄りなせんべろ情報を聞きつけた私らは勇躍、福山へ向かった――わけではなく、らもさんが福山で講演することになったのである。視力も回復し、原稿も手書きで書けるようになったらもさんは、これまで控えていた講演の仕事もこなすようになった。福山はその再開第一回であり、ものはついでと私と大村アトムも合流することになった。

らもさん、晶穂くん、アトム、そして私のせんべろ探偵全員が福山は初めての土地。らもさんの講演会を主催した岩本キイチさんに案内役をおねがいし、福山の街へ繰り出した。

岩本さんは福山で広告代理店アンテを営んでいる。らもさんの書く世界に感動し、講演会を申し込んだという。絵に描いたような美男子で、アトムが何度も「ホンマ、岩本さんてエエ男ですよね」と私につぶやく。そのエエ男、岩本さんはさすがにこの連載を読んでいてくれて、「年配の男の人と女の人がやっていて、つげ義春の漫画に出てくるような店なんですけど」と云う。「山椒魚《さんしょううお》」で知られる井伏鱒二は福山の出身である。つげ義春にも同名の漫画がある。私らを待ち受けているのはゲンセンカンの主人であろうか、はたまた李さん一家であろうか。

刺身が一皿一〇〇円。奇跡の食堂！

前夜のらもさんの講演のタイトルは、「人生（笑）」であったそうな。福山駅から市内中心部へ向かうと電柱にそのポスターが貼ってあった。五百人近く集まったそうだから盛況である。繊維ビル中通りという、「昭和」を感じさせる渋い一角を抜け、福山市役所の方へ向かう。洋品店や地中海料理のレストランがある、明るい広々とした道を通り、ほどなく行くと件《くだん》の〝つげ義春的店〟があった。

呑《の》み屋ではなく、食堂で可愛いノレンが印象的。小ぢんまりとした店に私ら五人はドヤドヤと入り、まずはビールを注文する。カレーライス、親子丼、玉子丼などのおなじみの食堂メニューが並び、一品料理はガラスケースから各自が取ってくるスタイルだ。

私はこうした大衆食堂に弱い。つい料理を頼みすぎてしまうのだが、品書きをみるとカレーライス三〇〇円、中華そば二五〇円、親子丼三五〇円と破格の安さだ。ガラスケースに「カレイの唐あげ一五〇円」とあったので迷わず手に取ってしまう。小皿や小鉢に入った刺身、ポテトサラダ、冷奴《ひややっこ》、ヒジキの煮付けも取ってくる。値段を聞くと、カレイ以外の小皿（小鉢）はどれも皆、一〇〇円だというではないか。安い、安すぎる。カレイの唐あげが一番安いと思ったのだが、そうではなかったのだ。

これは話を聞かずばなるまいとおかみさんに取材を申し込むと、「ウチはそんな雑誌に載るような店じゃないけぇ」と丁重に断わられてしまった。奥で料理を作っている御主人にも同様に固く断わられてしまった。やむなく「店名は出しませんから」ということで書かせてもらっている。安いだけじゃなく、料理もおいしく、アットホームな福山の名店であった。

大村　この刺身、白身の魚にクジラがついて一〇〇円とは信じられませんね。小皿に白身の魚が四、五切れ、クジラは二切れあった。白身の魚は「メンタイ」というそうだ。

小堀　食堂やからビール・大が五〇〇円、酒が三五〇円ちゅうのは普通やけど、アテというかオカズが驚異的な安さやね。せんべろも次から大衆食堂巡りに切り替えよか。ポテトサラダは山盛り、冷奴は木綿豆腐が半丁と量も申し分ない。らもさんはあさり汁を頼んだが、丼いっぱいにあさりが入って二五〇円なのであった。卵好きな私は玉子焼きを注文。甘くない、卵の味を生かした関西風のだし巻きで、ひとりではとても食べきれない大きさの一品が三〇〇円。つけ合わせに山盛りのキャベツの千切りがついているのもうれしかった。

岩本　十年くらい前に初めて来たんですけど。とにかく安くておいしくて、量がある。トンカツもでかかったな。

ビールから日本酒に切り替える。酒は地元の銘酒、美《よし》の鶴であった。日本酒は燗《かん》をすると、ちろりに入って出てくる。

晶穂　うわぁ、これ何ですか？　ぼく、この酒の入れもの初めて見ましたわ。

らも　ウチ（らも家）では酒、冷やでしか呑まへんからな。

ちろりを前にした晶穂くんのあまりの驚きように一同（らもさん除く）目が点になる。ちろりにキッチリ一合入った日本酒をお代わりし、気が大きくなった私らは一皿一〇〇円の刺身を追加する。二つ取っても二〇〇円なんである。いい気持ちでちろりの数が増えていくが、常連さんが多いだろうこの店で長居はいけない。お勘定をしてもらうとしめて五千百円であった。立派に、せんべろである。

「こんな店が近所にあったら、毎日来ますよね」

アトムがいつものフレーズを云う。アトムはせんべろ道中で何度、このお決まりのフレーズを口にしたことだろうか。世間は狭いが日本は広く、せんべろの名店は津々浦々に息づいているのである。

茶の間と飯屋が溶けあって

せっかく福山へ来たのだからもう一軒行こうと、今度は駅前の方へ戻る。駅前の地下道を通り、伏見町《ふしみちょう》へと出る。岩本さんが「前は何度も通ったことがあるけど入ったことがない気になる店」と云う店は紺のノレンに白ヌキで「酒房」とある、「味の店・新光《しんこう》食堂」であった。

店内はテーブル席だけの一般的な食堂だ。私らは料理が並んだガラスケースの前のテーブルに陣取った。らもさんと私がガラスケースをのぞいているとおかみさんが、「中島らもさんですか？」と声をかけてきた。らもさんのことはテレビで見て知っていたとか。店内もすいていたので早速、取材を申し込む。戦後すぐ、台湾から引き揚げてきた御主人の能宗《のうそう》達郎さんと食堂を始めたそうで、最初は旅館に併設した食堂だったとか。以前はまわりもにぎやかで老舗《しにせ》の店も多かったが、不景気で次々と店が閉まり、客足も減って寂しくなったという。

「もっと何か料理つくりましょうか？」とおかみさんが気を遣ってくれる。御主人も昔話をいろいろと話してくれ、私らは呑む前からすっかりリラックスしてしまった。田舎の親戚のおじさん家《ち》にお邪魔したような感じである。

ガラスケースから魚の煮付けと焼魚、イワシの丸干し、ママカリの酢のものなども取ってくる。煮付けは先ほどの店で刺身で食べたメンタイであった。ハタハタを大きくしたような魚で、尾の方はすーっと細くなっている。味は淡白でおいしい。煮付けに向いている魚のようだ。焼魚はシズ。関西で云うところのウオゼであった。煮付けや唐揚げもいいが塩焼きもいける。魚はだいたい三五〇〜四〇〇円だ。品書きに「ゲンチョー」とあったのでおかみさんに訊《き》いてみると舌ビラメのことであった。所変われば名前も変わる。岡山の成田屋ではゲタと云った舌ビラメが福山ではゲンチョーなのであった。私らは念願の瀬戸内の魚をテーブルに並べ酒を呑み始めた。ビールは大ビン四五〇円、酒は広島の𥫣久牡丹《きくぼたん》が一合（二級）二五〇円であった（一級は三〇〇円）。二軒目なので私らは最初から日本酒である。おかみさんが枡《ます》に入ったコップに豪快に注いでくれる。

大村　岩本さんは呑むときはアテを食べないんですか。

岩本　そうなんです。酒の味がもったいなくて。

岩本さんはほとんどアテに手をつけず、コップ酒をキュッとあおる。エエ男がよけいにカッコ良くみえる。私やアトムは酒もしこたま呑むがアテもたらふく食う。酒意地（？）も食い意地も張っているからこうした食堂はありがたい。好きなアテをすぐ取ってこれるのがいいんである。

小堀　ここは茶の間と飯屋が渾然《こんぜん》一体となっている感じやな。それでも必ず酒は置いてあって。夜になると酒場になる。

らも　うん。ノレンに「めし・うどん」と書いてあるような飯屋やな。

晶穂　大阪も飯屋増えましたね。

小堀　「なんとか食堂」ゆうチェーン店な。

大村　ぼくはああいうの好かんですわ。

晶穂　普通にオカズ取ってご飯食べようとするとだいたい千円越えるでしょ。

小堀　わしも時々行くんやけど、酒が小さいんやな。一合ないしな。

大村　そういうとこでは呑まんときなはれ。

小堀　昔、池袋でざるそば定食ゆうの食うてな。値段も見んと頼んでしもてエライめに会うた。

らも　いくらやったの？

小堀　千円。

らも　かやくご飯かなんかついてたん？

小堀　それが白ご飯と小鉢とざるそば。小鉢には何故かバナナが入っとったな。それも半分。わしはざるそば啜《すす》って飯食うてバナナ食うた。何か情けなかったな。

晶穂　そういうひどい店探すっていうのもおもしろいじゃないですか。
大村　最悪定食めぐり。
らも　神戸の垂水《たるみ》に、ばばあがひとりでやってるおでんの店があって、そこは大根とか厚揚げとか名前を呼べるような状態じゃない。ただ、おでんとしか云わないんだけど、もうおでんの種が何が何だかよくわからないくらいにドロドロになって出てくるんや。
小堀　婆《ばあ》さんのダシも何十年分と入ってたりして。
大村　西宮の「三千円の屋台」の店もおかしいですね。
らも　なんぼ呑んでも食うても三千円。
小堀　元取るのタイヘンやな。
岩本　大阪の人はご飯とお好み焼きっていう組み合わせ、よく食べるんですか？
晶穂　食べますね。高校の頃はタコ焼きオカズにご飯食べてましたね。
大村　ウチのオカン、ピザとご飯一緒に食べてたりしましたわ。
　私らは大阪の食文化についてアツイ議論を闘わせ始めたのだが、岩本さんはそろそろ帰るという。
「福山でらもさんの講演会ができて、ほんとうにうれしかったです。ありがとうございました」
　岩本さんは丁寧に礼を述べると一足先に帰っていった。呑みっぷりも去り際もカッコイイ岩本さんであった。

明くる日、一足先に帰るというらもさん、晶穂くんと別れ私とアトムは一軒目の食堂へ昼飯を食いに行った。新光食堂を出た後、ホテルへ戻ってからも呑みつづけた私らはいつものことながらひどい二日酔いであった。私とアトムは朝から何も食べていない。品書きにあったしじみ汁で肝臓を癒やそうという魂胆である。昨夜のおぼろげな記憶をたどり、ようやく店に着くとおかみさんが「あら、いらっしゃい」と笑顔で迎えてくれた。不思議なもので店に入ると食欲が出てくる。私は小ご飯としじみ汁、小皿に入っただし巻き、それに梅干しを注文。アトムは玉子うどんと冷奴だけだが、二人で食べようとクロギ鍋を注文。クロギとはカワハギのことであった。クロギ、白菜、豆腐の小鍋をモミジオロシがたっぷりと入ったたれにつけていただく。うまい。思わず日本酒が欲しくなるが、じっとガマンする。しじみ汁は味噌《みそ》仕立てでミョウガがたっぷりとかかっている。こちらもうまい。クロギ鍋は六〇〇円、しじみ汁はあさり汁同様、丼いっぱいに入って二〇〇円だった。

食べに来る客だけでなく、お婆さんがひとりでやってきて小皿に入った刺身とポテトサラダを買って帰っていった。何しろ二つで二〇〇円だ。スーパーで買うより安いし、何しろプロの手料理だ。こういう店が近所にあったら、ひとり暮らしの人、それもお年寄りにはありがたいだろう。「いいなあ、福山は」私らは二日酔いもおさまり店を出た。

勘定は二人合わせて千三百八十円だった。

福山の街をもう少し歩こうと、鳥居の上に「ミヨシ正宗」の看板が掛かる宮通りを歩き、福山神社を通り過ぎるとほどなく、昔ながらの市場があった。魚屋をのぞくとママカリの横に例のメンタイがあった。お店の人に聞くと瀬戸内の魚ではなくて、山陰地方、日本海で獲れる魚だという。そう云えばまだ日本海側ではせんべろしていない。いつの日か、日本海を望む港町でせんべろしたいと思う私らであった。

（※つげ義春的店は、申し訳ありませんが本文をヒントにご自分でお捜しください。「新光食堂」は閉店になりました）

らもの
らっぱ呑み

かど屋のこと

そのメシ屋は神戸・三宮の外れにあった。

角地を利用した三角形の小さな店で、角だから「かど屋」。ほんとうに小さな店で、七人入れば一杯だ。大衆食堂というよりは「メシ屋」と呼んだ方がピンとくる。お婆《ばあ》さんが一人でやっている。

彼女とおれは五年間三宮で付き合っていて毎日会った。よくこの店で待ち合わせた。おれは十九歳の浪人生で、彼女はひとつ年上。女学校の図書館で司書をしていた。夕方に仕事が終わって西宮あたりから三宮まで駆けつけてくるので彼女は当然空腹だ。だからメシ屋で待ち合わせる。

彼女はケースに並んでいる中から副食を一つかふたつ取り、小ご飯を頼む。おれはいつも日本酒だ。話をしながら彼女が食事を摂っている間に二本飲む。それ以上は飲まない。金を持っていないからだ。二百円をジャズ喫茶用にキープしておかなくてはいけない。デートのメインはジャズ喫茶で、三時間くらいをそこで過ごす。たまに、彼女のお金でラブホテルに行くこともあった。酒、煙草《たばこ》、メシ、コーヒー、ジャズ、セックス、そして何よりも会話。これらによっておれと彼女の時間は費されていて、それが日常のリズムでもあった。

ある日、滅多にないことなのだが、マリワナを持っていた。知人から分けてもらったジャマイカ土産の極上品で、ジョイントに巻いて二本、ハイライトの箱の中に紛れ込ませていた。

いつものように「かど屋」で彼女と会う。

彼女はパクパクとご飯を食べている。おれはいつものように日本酒を飲む。お婆さんはカウンターの真向かいで沢庵《たくあん》を刻んでいる。こっと、こっと、とゆっくり。客はおれ達二人だけだ。

おれはふと思いついて煙草の箱の中からマリワナを一本取り出した。口にくわえて火を点ける。青っぽいいい香り。ただおれは自分の肺には吸い込まず、生の煙をカウンター一枚へだてたお婆さんに向かってふうっふうっと吹き続けた。顔のあたり目指して、ふうっ、ふうっ。お婆さんは黙って漬け物を刻んでいる。そうして五、六分が過ぎた。

と、それまで、こっと、こっと、とゆっくり切っていた包丁の音が変化してきた。

スットンストトン　スットンストトン

リズムが、ビートが現われたのだ。しかしお婆さん自身はそのことに全く気づいていない。無心にオシンコを刻んでいる。彼女も事態が解っていない様子だ。おれ一人だけが腹の中でゲラゲラ笑い転げた。

三十年前のことだ。「かど屋」はもうない。お婆さんはとっくのとうに亡くなってしまっただろう。

三宮の街は大地震でほぼ完全にぶっつぶれ、ガラクタの跡からフーゾクだけがウジャウジャと生えて立ち上り、街を埋め尽した。

彼女はおれの妻になった。

スットンストトン　スットンストトン

その十六　隠れ家でめくるめく酒宴
金沢・医王山

新世界では酔いつぶれジャンジャン横丁にへたりこんだらもさんだが、せんべろの旅をつづけるうちにすっかり快復。やはり、中島らもには酒が一番の妙薬、伴侶なのだろう。

せんべろの旅もたのしいが、ここいらでひと息つこうということになった。初心に還り「新世界で昼酒を呑《の》んで終わり」という案もあったのだが、どうせなら未見の地でせんべろして終わりたい。それも意外なロケーションがいい。季節は冬。と、なれば思いつくのは荒波揺れる日本海。カニの足なんかせせりながらひたすら無口に安酒を呑む……。日本海側に知り合いの少ない私らは第十回で紹介した金沢の出版人、亀鳴屋《かめなくや》の勝井隆則さんを頼ることにした。

勝井さんなら、せんべろに似合う安カニを食わせてくれるに違いない。私らは「雷鳥」とどこが違うかよくわからない特急「サンダーバード」に乗り込み、冬の金沢へと向かったのだった。

医王山の隠れ家で川魚料理に大興奮

待ち合わせの場所に現れた勝井さんは一升瓶を二本たずさえていた。

今日の予定をたずねると「これから山へ行きます」とのこと。カニはカニでも沢ガニになりそうな案配だ。勝井さんの知人が金沢の郊外、医王山《いおうぜん》の山麓で川魚料理の店を営んでいて、知り合いの店ゆえ特別に、酒の持ち込み可。好きなだけ呑めるという。手にしていた日本酒はそのためだったのか。酒は金沢の銘酒・萬歳楽《まんさいらく》の「吟醸辛口　菊のしずく」と「花伝」である。

医王山は標高八九六メートル、金沢の南東に位置する。目指す川魚料理の店は市内からタクシーで約三十分とのこと。車中で私らが話していると、運転手さんが「お客さん、大阪の方ですか？」と訊《き》いてきた。

「私、千林《せんばやし》の出身でんねん」と運転手さん。大阪市旭区千林はダイエー創業の地として知られる下町だ。聞けば十五年ほど前に金沢に出てきて洋品店で働いていたが、不況でこの春リストラ。タクシーに乗り始めてまだ半年だという。

「一日三万円売り上げても月収二十万には届きまへんねん。今日は長距離乗ってもらえるんで助かりますわ」

空は冬の日本海側特有の曇天。霙《みぞれ》も降ってきた。

「どこもたいへんでんなぁ」

暗い会話をかわしながら車は人里離れた山中へと進む。せんべろ最終回にふさわしい（？）シチュエーションとロケーションが揃《そろ》ってきた。

医王山はキャンプ場やスキー場もあり、雪の多い時期はスキー客でにぎわうというが、まだ雪がついていないのでひっそりとしている。川魚料理の店「かわべ」は、北陸鉄道バスの停留所「湯谷原《ゆたにはら》」のすぐそばにあった。

寂しい冬の山の借景がよく似合う、古びた木造家屋の一軒屋。ニジマス、イワナ、ヤマメの養魚場を経営していて即売もしている。表の看板に「イワナ料理　山菜料理」とあり、その下に（ひまなときだけ）の注意書き（？）が書いてある。

勝井　あまり商売熱心じゃなくて、気が向いたときに気に入ったお客さんしかとらないんです。

御主人の河崎徹さんは大学時代ワンダーフォーゲル部だったとかでがっしりとした体格。年は「五十七か八」とのこと。二十五年ほど前に農家の納屋を借りうけ、大学時代の仲間と一緒に手づくりで「かわべ」を作ったそうだ。

テーブル席と八畳ほどの和室があり、私らが通された和室には、川魚料理の数々が用意されていた。

大村　凄《すご》いですね。正月に親戚の家で呑み食いするみたいですよ。

アトムが驚くのも無理はない。大皿には前菜としてニジマスの唐揚げと佃煮《つくだに》、それに燻製《くんせい》が三種類あった。

小堀　この燻製何やろ。イワナやろか？

河崎　それは穴子。あとは鶏とニジマス。

御主人は海釣りが趣味で毎日のように山中から海へ釣りに出かけるとか。自家製は川魚だけではないのである。料理は他にヤマメの塩焼きを酒、酢、醬油《しょうゆ》のタレに漬けこんだもの。付け合わせに春蘭という春咲く野生の蘭の酢のものがついている。もう一品はニジマスのヅケ。ニジマスの刺身を醬油に漬けこんだものにミョウガとワサビの葉があえてある。

小堀　これ、大阪で食うたら一万円ぐらいするコース料理とちゃうか⁉

そんなコース料理など食べたことはないのだが、思わずそう思わせる鮮やかな彩りとそれに応える美味の数々。勝井さん持参の酒、萬歳楽の「吟醸辛口」がイワナの骨酒《こつざけ》となって出てきた。塩焼きした大ぶりのイワナの上に日本酒の熱燗《あつかん》がたっぷりと注がれている。野趣あふれる一杯だ。イワナの香ばしさが日本酒の甘さによく合う。う、うまい。私とアトムはあっという間に骨酒だけで二合呑んでしまった。

大村　らもさんも熱いうちにこの骨酒呑みなはれ。

らもさんは萬歳楽の「花伝」の冷やをあおりながら骨酒には見向きもせず、私らのコーフンをよそに部屋にあった動物雑誌「アニマ」を読みふけっている。読書中のらもさんは放っといてひたすら呑みかつ食らうことにする。

勝井　だいたい今のところで一人千円やと思います。

いくら酒持ち込みとはいえ信じられない値段だ。客に応じた時価なんだそうだ。

河崎　あとは呑んだ後の洗い物次第だな。

呑み食いした後の食器を各自が自分で洗うとその分安くなったり追加の一品を出してくれるという。私もアトムも食器洗いは嫌いじゃない。洗って安くなるなら大歓迎だ。スポンジにタワシも持ってくるんだった。調子に乗った私らに、河崎さんが「これ、あんまり売らないんだけど」と云って出してくれたのが、取りたての生きたイワナの卵を塩漬けと醤油漬けにした逸品。どちらもたっぷりの大根オロシをかけていただく。

大村　これ、メチャメチャうまいですわ。こんなん食べたらバチ当たるんちゃいますか。

小堀　まさしく最初にして最後、せんべろ史上最高のアテやな。

イクラやスジコなんて目じゃない。プチプチとした食感もさることながら、濃厚な味なのに、全然脂くさくない。これは高カロリー、高リスクを忘れる危険なうまさだ。

大村　ここまでの料理が出たら京都やったら二万円ですよ。

先ほどの「大阪一万円コース」から、「京都二万円コース」になり上がった。モチロン、想像の範囲内であるが。とうに骨酒は呑みほし、「花伝」の冷やをコップ酒でぐいぐいいく。

いい気持ちどころか、すっかりできあがってしまった。部屋の奥には熊の敷き物が衝《つい》立《たて》に無雑作に掛けられ私らを睨《にら》んでいる。かなり大きなツキノワグマだ。「アニマ」を読み終えたらもさんがようやく口を開いた。

〝せんべろ〟に来て熊の毛皮をもらっていいか

らも　これは熊の毛皮ですか。

河崎　人からもらったもんなんです。この部屋には買ったものはあまりないけど。至極アタリマエのことを聞いている。

らも　売り物じゃないんですか。

河崎　売ってくれって云われたこともあったけど、人からもらったもんだから売るわけにいかんでしょ。二十年ほど前に何十万とかで買いたい云う人もいましたが。

らも　コートに出来ないかな、と思って。

河崎　重いですよ。らもさんにもらわれるんやったらいいかな。

らも　ホントですか!?

らもさんの眼がギラギラと光ってきた。

いったい「アニマ」で何を読んでいたのだ？

河崎　裏側はボロボロだけどいいですか。

らも　しかるべき人に頼めば大丈夫やと思います。何年前のですか？

河崎　この店始める前からやから三、四十年は前だと思う。

このあたりにも時々、熊は出没するとか。かつて医王山に棲《す》んでいた熊であろうか。

河崎さんは毛皮をくれた人に今から電話して了解を得るという。突然、酒宴に参加したらもさんの一言で意外な展開になってしまった。

大村　らもさん、本気ですわ。

部屋の向こうで河崎さんが電話している。どうやらもらえるらしい。

河崎　いいよ、持って帰って。

らも　ありがとうございます。

うれしそうに礼を云ったらもさんは早速、熊の毛皮をかぶっている。らもさんの体がすっぽり隠れるくらい大きい。らもさん、この毛皮どうやって持って帰るんだろうか。

らも　おれは金沢は十八年振りだな。会社勤めしていた時に接待で来た。料亭行って、相手がエッチな人やったんで風俗を探しに行ったんだけどなくって。タクシーを飛ばしてのぞき部屋へ行った。

勝井　そんなんあったんですか!?

河崎　あんた、くわしいんだよな。

勝井　ほっといて下さい。ストリップとか金沢ではすぐに捕まりますよ。

らも　円形の部屋の真ん中に女の子が下着姿でいるの。そのまわりの上下二箇所にずーっと帯状にのぞき穴があって客がのぞいてる。下の穴からだと女の子がエッチな角度で見れるんや。おれは上から見ながら円形の部屋のまわりを回廊を行くように回って行ったんやけど、暗がりやから下がよく見えない。何かグシャッと踏みつけたんやけど、それが接待相手やった。

らもさんの十八年前の接待はどうやら失敗だったらしいが、今回の金沢は熊の毛皮も手に入れ大収穫である。私らはかなり酔いがまわってきたのだが、河崎さんはシラフである。

河崎　わしは全然、酒呑まないんで、骨酒の味がうまいかどうかもわからない。

勝井さんに云わせると河崎さんは普段はカップ麺を食べているそうだ。春はワラビ、ゼンマイ、タラやウドの芽など山菜料理もおいしいという「かわべ」もあと、四年ほどで閉めるそうだ。（現在も営業中です）

この後、イワナの塩焼きが出て、しめはイワナでダシをとったにゅうめんだった。気がつけば萬歳楽の二本はとうに空っぽ。山中の一軒屋でワイワイ云いながら呑んでいると刻《とき》のたつのを忘れる。充分満足した私らは酔いざましに洗い物をして山を降りることにした。

アトムが河崎さんに勘定を訊くと「四人（勝井さんも入れて）で五千円でいいよ」とのこと。安いなぁ。

「春になったらまた来ましょうね」アトムの一言に一同大きくうなずいたのだった。

翌朝、私らはまた特急「サンダーバード」に乗って大阪へ帰った。網棚に乗せた熊の毛皮がブキミであった。

らもの
らっぱ呑み

安い酒・高い酒・不味い酒・美味い酒

今、きっちり五十歳。

十七歳から酒を飲み始めたから三十三年の付き合いになる。

この「せんべろ」でも日本中の安酒を求めて彷徨《ほうこう》したし、取材旅行で世界何十カ国をまわったし、まあいろんな酒を飲んだ。アルコール分二%のモンゴルの馬乳酒から百%のエチルアルコールまで。安いの高いの不味《まず》いの美味《うま》いの。二年間一滴も飲まなかった時期もあるし、二日でウィスキー三本ペースは続いた頃もある。アムステルダムではウィスキーと大麻樹脂とマジックマッシュルームとハルシオンを一緒に飲み食べ吸いして、ただの「物体」になってしまった経験もした。

一番安い酒は若い頃飲んでいたトリスキングサイズ（三本分入って千円くらいか）、仕事部屋の近くの自販機で買ってた「鬼ごろし」（一升九百円）。一番高い酒は香港のトップレス・バーで飲んだビール三本で十二万円（このときは金払わず走って逃げたがね）。一番不味かった酒は最初に勤めた会社で社長の説教を聞きながら飲んだ社内接待酒。一番美味《おい》しかったのは丹後半島の民宿で宿の爺《じい》さんが飲んでたのを横取りした地酒。これは近くに酒蔵があって、爺さんが毎日空壜《あきびん》を持って行き、搾《しぼ》り立ての奴《やつ》を詰めてもらってくるのだった。まことにサラサラと、食道を小川が流れていくような按配《あんばい》だった。

おれは基本的には清酒なのだが、旅に出れば必ず地元のものを飲む。メキシコのテキーラで何年も寝かせた奴は飴色《あめいろ》を帯びていてとてもマイルドだ。ストレートでやるが度数の高さを感じさせない。マレーシアではアラック（椰子酒《やしざけ》を蒸溜《じょうりゅう》して樽《たる》で寝かせたもの）を飲んだ。これは少しラムに似ていてなかなかいける。北京では八十度くらいある白酒《バイチュ》、タイではメコン・ウィスキー。蛇酒、百足酒《ムカデ》なんてゲテなものも飲んだ。さすらいの酔っ払いである。

しかし、最近は外で飲むことは殆《ほとん》どない。家で、近所の酒屋からダースで配達してもらう「国菊」という清酒を妻と猫とテレビ相手に飲んでいる。飲みながらモノを書くという悪癖もなぜか影をひそめてしまった。酒量は四合くらいだ（医者には二合と言われている）。一日一食なので、魚か肉か卵か、それに野菜、豆などを添えて肴《さかな》兼食事とする。米は食わない。体重は五十七kgほどで安定している。少し酒が多いかもしれないが、まあその辺はファジーである。節酒していても、明日車にひかれて死ぬかもしれないではないか。それなら今夜も飲んだ方がいい。

「せんべろ」は、いろいろな体験ができて楽しい仕事だった。一緒の仲間が楽しい人達だったので、いつもいい酒だった。要はそれなのであって、安かろうが高かろうが不味かろうが美味かろうが、そんなことは酔い心地に何の関係もない。気が良ければそれは天下一品の美酒なのだ。では、今からまた飲み始めるとしよう。

番外篇
ラストオーダーはらも家で

懲役十カ月、執行猶予三年。

大麻取締法違反で逮捕された作家・中島らもの判決内容である。

判決の日の二日前、私はらもさんと大阪市内のホテルのラウンジで会っていた。長男でマネージャーの晶穂くん、F社の編集者・Sくんが一緒だった。「実刑」をくらった時のことを想定して、その後の仕事のダンドリなど、あれやこれや話していた。らもさんは打ち合わせが終わったら映画「ロード・オブ・ザ・リング／二つの塔」を観に行くと云って、晶穂くんに前作のあらすじを訊《き》いていた。

明日は小説『こどもの一生』につけるCDの録音をするのだという。判決を前にして、いや前だからか、らもさんの周辺はあわただしく、落ち着かない。アイスコーヒーを飲み終えたらもさんはバッグからバーボンのボトルを取り出した。いかん。ラッパ呑《の》みでバーボンをひと口ぐびり。ホテルの人が注意しに来た。いかん。「らもさん、呑むなら呑める所で」とSくんがうながし、私らはホテルの地下の和食の店へ入った。

ランチタイムを過ぎたところで広い店内に客は私ら四人だけだった。

「日本酒の冷やと白身のお刺身」

やれやれ、バーボンぐびりからいつものらもさんに戻ってくれた。S君は生ビール。晶穂くんはらもさんにつきあい日本酒。私はまだこれから人に会わなければいけないのでウーロン茶を注文。ソニンによく似た可愛い店員が「昼間はお刺身の単品ないんです」と少しかなしそうな顔で云った。松花堂弁当ならお刺身が入っているという。一番若いのに最近はかけそば中心の食生活だという晶穂くんに弁当を注文させ、らもさんにつまんでもらうことにする。

けっこうボリュウムがあり、美味《おい》しそうな松花堂弁当が来た。男四人、ひとつの松花堂弁当を囲んで昼酒を呑む（私はウーロン茶だが）。二合徳利の二本目を半分呑んだあたりで「なあ、一緒に刑務所入ろうや」とらもさんが私を誘う。気持ちはわかる。連れションならぬ連れムショを持ちかけられたが、

「カンベンして下さいよ。出所祝いはしますから」

ウーロン茶を飲んで至極冷静な私は冷たかった。

「入るとしたら堺かな、和歌山かな」

らもさんがリアルな地名を吐く。Sくんが何とか話題を変えようとするのだが、どうしても翌々日に迫った「判決」の話題になってしまう。

「もう行かないと映画まにあいませんよ」

晶穂くんのひと声でらもさんがようやく腰を上げた。バーボンぐびりの後、日本酒を

呑んだのでちょっと足元がおぼつかない。ふらつくらもさんはタクシーに乗り、「ロード・オブ・ザ・リング～」が待つ池田へと向かった。

「久しぶりにらもさんにお会いできて、ホッとしたのと心配なのと複雑な気分です」

Sくんの正直な感想だった。

「大丈夫だよ。らもさんは」

何ら根拠のない、その場しのぎの取り繕いをした私はSくんらと別れ、仕事場へ戻った。

もう一杯だけ〝ラストせんべろ〟

「執行猶予がつきました!!」

アトムと晶穂くんから興奮した報告が届いたのは判決当日の午前十一時頃だった。翌日のスポーツ紙には自宅で記者に「大麻解放論」を語るらもさんの元気な姿があった。テーブルの上にはいつものロングピースと〝ぐびり〟のバーボンのボトルがあった。

逮捕されてから一時停止していたらもさんの仕事が急速に動き出した。思えば、この『〝せんべろ〟探偵が行く』の初校文字校正が終わった頃、らもさんが捕まったのだった。出版はしばし延期となり、ようやくこの秋の刊行となったのだ。一昨年の五月、〝せんべろの聖地〟新世界でらもさんがこけて以来、めぐりめぐってメートルも上がりっぱなし、「もうこれ以上呑めまへん」状態での出版である。居酒屋で云えば〝ラストオーダー〟も終わり、後はさっさと残った酒を呑み（校正をして）帰ればいいのだが、ちょっと時間もあいたことだし、「もう一杯だけ呑もう」と誰ともなく云い出して〈最後のせんべろ〉をすることになってしまった。私もアトムも日常的に〝せんべろ〟しているので改めて集まることもないのだが、らもさんを入れた〝せんべろトリオ〟では久しく呑んでいない。らもさんにその旨を告げると「家で呑もう」とひと言。

「一升瓶を前にしたおれが一杯、二杯と日本酒を呑んでいくから、その様を小堀さんが書けばいい」と云う。アトムは「酒を呑むのはらもさんだけでぼくらは見ているだけやそうです」と云ってくるし、何が何だかよくわからないのだ。とりあえず、それぞれが何らかのアテを持ち寄り「らも家」に集まることにした。

夏の盛りの七月某日。らも家のある雲雀丘花屋敷に向かうべく私らは阪急・梅田駅に集まった。夕方五時集合の予定がらもさんの事情で急遽《きゅうきょ》、午後一時集合となった。つまりは〝昼酒〟である。呑めればのハナシだが、この日の顔ぶれはおなじみの大村アトム、イラストの長谷川義史、中島晶穂、私に紅一点、九月から晶穂くんに代わりめでたく（？）〝中島らも五代目マネージャー〟となる長岡しのぶくんが参加。しのぶくんはらもさんが出演したテレビドラマの制作をしていたという小柄な女の子。黒い髪とキリッとした眼もとが印象的な二十六歳だ。

「らもさんのお家《うち》初めてなんです。何かワクワクしてます」

しのぶくんは屈託なく微笑《ほほえ》んだ。おじさんは不安がいっぱいなのだが……。彼女は静岡土産だという「たたみいわし」を一枚持ってきていた。いいチョイスである。晶穂くんは納豆パック、アトムはピクルスの瓶詰、長谷川くんは大阪・南森町《みなみもりまち》名物の「中村屋のコロッケ」であった。一個六〇円。冷めてもうまい逸品である。私は阪神百貨店の食品売場で惣菜《そうざい》詰め合わせ（四八〇円）とだし巻き（三〇〇円）を買った。快調・タイガースに便乗して安売りしているに違いないと思ったからだ。確かに安くてボリュウムもあったが、中日ファンの私としては内心忸怩《じくじ》たるものがあった。

厚生労働省麻薬取締官が一度に十一人もやってきたらも家は閑静な住宅街の一角にある。昨年二月の「らも家で〝いえべろ〟宝塚篇（本書その八参照）以来の訪問である。飼い犬のアスカがちょっとだけ吠えて迎えてくれる。部屋に入れば犬、猫はもとよりウサギ、カメ、ヘビ、トカゲ、サソリに無数の魚類ｅｔｃ。よくわからない生きものがいっぱいの〝らもパーク〟である。人間の年なら九十歳近いという猫のミケ豊中は鼻にできものができている。ガンだという。らもさんは『牢屋《ろうや》でやせるダイエット』（青春出版社）のあとがきで「刑務所に行かなくてよくなったので、ミケを看取ってやることができる。これがなによりうれしくて、悲しい」と書いていた。

らも「果実酒」にはまる

テーブルの上には日本酒の一升瓶ではなく、色とりどりの果実酒の広口瓶が並んでいる。夫人の美代子さんお手製のメロン、ウリ、パイナップルの果実酒である。

らも　なんか日本酒が嫌いになっちゃったよ。なんでかわからへんのやけど。

「何はともあれ、日本酒の冷や」の中島らもにいったい何があったのか!?　テーブルの下を見ると、らもさんが愛飲していた福岡の地酒「国菊」の一升瓶が空になって転がっていた。いつ空いたものであろうか。

らも　「なめたけ」持ってきた?

大村　ぼく、持ってきたの「ピクルス」ですけど。

小堀　アテに「なめたけ」がいるんですか?

らも　「なめたけ」を前に置いて、一升瓶を置いて始めるんや。おれが酒呑んでだんだん崩れてゆく、非論理的になってゆく、感情的になる、怒る……。その様をドキュメントするんや。

「なめたけ」がないと始まらないので晶穂くんが近所のスーパーに買いに行く。らもさんがコップに果実酒を入れだした。

らも　三十五度のホワイトリカーにフルーツを漬けこんである。果汁と水で薄くなってるから一杯呑んだら日本酒一合くらいの酔いやと思う。

小堀　いつ頃から漬けてあるんですか？

美代子　七月二十五日。こっちのパイナップルは七月二十七日（お邪魔したのは七月二十八日だった）。

大村　わりと〝浅漬け〟ですね。

美代子　まにあわないのよ。

らも　漬けて三日目くらいで呑んだりする。

私も一杯メロン酒をいただく。〝ホワイトリカーのメロン割り〟で濃厚な味である。

小堀　甘いですね。メロンの味がしっかりある。ホワイトリカーの味もしっかりあるから呑みすぎるとまわるやろね。

大村　らもさんの人生で果実酒呑んでた時期ってあるんですか？

らも　ないなあ。

小堀　わしも初めてみるわ。果実酒呑んでるらもさんいうのは。

らも　おいしいよ。

小堀　冷やして呑むと夏場にはいいやろね。

らも　落語に出てくる酒で「柳陰《やなぎかげ》」ってあるでしょ。焼酎をみりんで割ったのかな。

井戸で冷やして呑む。風流だね。

大村　らもさんの中で果実酒はいっときだけのもんなんですか？

らも　わからん。

晶穂くんが大汗かいて「なめたけ」を買ってきた。瓶詰で一本百円だ。らもさんも好きだが私やアトムも好きだ。以前の「いえべろ」では冷奴《ひややつこ》になめたけをかけてアテにした。らもさんはなめたけを少しつまみ果実酒を呑む。晶穂くん、アトム、長谷川くんは日本酒の冷や。私は缶ビール。ラガーと黒生を出してもらいブレンドして〝ハーフ＆ハーフ〟にしてチビチビ呑む。美代子さんとしのぶくんはプリンを食べている。夏の昼下がり、奇妙なせんべろになってしまった。

小堀　長谷川くんはマメやから果実酒作ったりするんやろ。

長谷川　梅酒やスモモ酒作ってますよ。三カ月くらい寝かすんですけど、ちょっとずつ、ちょっとずつ味見をしてしまって、一番呑み頃にはもう殆《ほとん》ど残ってないっていう……。

小堀　らもさんと一緒で待ってられへんわけやな。

長谷川　ホンマは味見なんかせんと、じっと待っとったらええんですけどね。

大村　横浜の「がま親分」（その二参照）に果実酒いっぱいありましたね。

小堀　そうやったな。店の中に十種類以上の果実酒あったな。わしらは誰も呑まへんかったけど。

長谷川　ハブ酒とか呑んだことあります？

らも　事務所にヘビ酒とムカデ酒と置いてあったんやけど。誰もそんなん呑まないやん。だけど、ある日、朝来たら減ってた。アトムやろ。

大村　ちゃいますよ。ぼく、こう見えてもゲテモノだめですから。

らも　虫が入っている酒は多いな。

小堀　テキーラとか。あれは何なんですかね。

らも　何やろな。

大村　「虫酒」は、精がつくんですかね。

果実酒からいつのまにか虫酒のハナシになってしまった。らもさんもボチボチ調子が出てきたようだ。

大村　らもさん、体重はどうですか？

らも　逮捕されてから二キロ太って、入院してもう二キロ太った。

美代子　だいぶ太って帰ってきたね。三食食べる癖がついたから。だんだん以前の一日一食に戻ってきたけど。私はらもがいない間は牛乳とおかきだけ。らもが出てきていろいろ食べるようになったけど。

聞けばらもも家の食生活の生命線だった「喫茶ニューヨーク」（その十三のコラム「蕎

麦屋酒」参照）も営業を再開するとか。出前の弁当をアテにらもさんは果実酒を呑むんだろうか。いつかまた、日本酒を呑むようになったらもさんを誘い出し「せんべろの旅」を復活したいものだ。

大村　ぼくは博多（その九参照）が一番印象深かったですね。旅情もわくじゃないですか。回数券のシステムもおもしろいし。

小堀　博多は自販機もよかったな。

らも　おれはやっぱり〝熊〟やな。

アトム　金沢（その十六参照）ですね。

美代子　ここに熊、置いてるけど、どうしていいかわからないのよ。

見ると、猫のトイレの前に金沢の河崎さんからいただいた熊の毛皮が寝そべっている。どうやらミケたちと仲良く暮らしているらしい。

らもの
らっぱ呑み

究極の酒

究極の酒とは何か。

それはいうまでもなく一〇〇%のエチルアルコールである。

熱カンだのオン・ザ・ロックだのとややこしい。エチルをぐっと一発キメればすぐに酔えるだろう。だいたいおれは酒の味がどうの風情がどうのということで飲み始めたのではなく、ただただ早く酔っ払い自失したいために飲み始めたのだ。

しかしいきなり一〇〇%のエチルではちときついので、果実酒用三五%のホワイトリカーを使うことにした。これもピュアなアルコールである。しかしそれだけを飲んだのでは味も何もない。やはり何らかの味は欲しい。

それでリンゴを漬けることにした。

待つことしばし一週間、酒の色が茶色っぽく変わってきた。

氷で割って飲んでみる。

いける。

リンゴの香りと甘味がマッチした、まこと極楽の酒のような味わいだ。

それからいろいろなものを漬け出した。オレンジ、パイナップル、メロン、プラム、スイカ……。

みなそれぞれに微妙に味わいが違っておもしろい。

飲む分量としては果実酒をコップに半分（これで三十五度のアルコールとジュースで二十度くらいになる）、それに氷を一杯まで入れる。コップひとつで十二、三度ではないか。それは酔い心地が軽いのでわかる。

最近、拘禁生活が長かったせいで、朝の

七時に目が覚めてしまう。それまでは昼の一時に起きていたのだ。
それから煙草《たばこ》を吸ったりクスリを呑《の》んだり紅茶を飲んだりして目を覚ます。
腰がだるいので妻に腰を踏んでもらう。
そしてダラダラと仕事を始める。
手が果実酒の方に伸びていく。三〜四杯飲む。朝なのでやや、やましい気もする。
昼の一時から夕方まで昼寝をする。
起きて二時間ほどしてから、また飲む。このときの仕事は創作の分野が多い。
また四杯くらい飲んで、うどんを喰《く》って寝る。今のところこれが一日のパターンだ。
少し飲み過ぎかもしれない。先日医者へいったらγ《ガンマ》GTPが三五〇あったから。
日本酒一辺倒で三十年きたが、人間変われば変わるものだ。

文庫化記念
酔いどれ座談会
〝せんべろ〟から〝ぜんべろ〟へ

「はじをしのんでお便りします。私の父は、どーゆー訳か、すぐに言葉を略したがるという変な癖があります。『べっぴんママ』は『べーまー』、『やさしい娘』は『やさむす』、（略）外でいきなり『あーまー（愛する妻）♡』などと叫ばれたりすると、私は他人になるほかありません。一体どうしたものでしょうか」

（八尾市・やさむす・14歳）

懐かしい、らもさんの出世作「明るい悩み相談室」（集英社文庫『中島らもの特選明るい悩み相談室　その1　ニッポンの家庭篇』）である。もう、おわかりのことと思うが、らもさん答えて曰《いわ》く「――言葉をハショるというのは我々でも通常あることで、「早弁」「ダラ幹」「ダンパ」などはよく口にします。僕のまわりでは『せんべろ』というのを使いますが、これは『千円でべろべろになれる店』の略です」

初出は八〇年代であろうか。今や「早弁」はともかく「ダラ幹」や「ダンパ」は死語となった。それが、どういうわけか「せんべろ」はらもさんの身内言葉から、いつのまにか全国区!?の共通語になってしまった。

朝日新聞関西版に「ますます勝手に関西遺産」という名物連載がある。「世界遺産」じゃなくて「関西遺産」なのが可愛い。まあ、愛嬌《あいきよう》というヤツですな。三月十六日付の夕刊では、その「関西遺産」に「せんべろ」が認定され、記者が大阪は天五《てんご》・中崎通界隈《かいわい》の立ち呑《の》み店に突撃取材を敢行している。

東日本大震災直後に、大阪では「不況が何や！　もう1杯！」の見出しが踊り、赤ら顔のおっちゃんが紙面に載っているんである。

恥ずかしいような、それでいてどこか呑気《のんき》で頼もしいような、相変わらずの大阪である。十六年前の阪神淡路大震災の時もそうだった。かなしいにつれ、うれしいにつれ、大阪の人間は、呑める時は呑んで酔っぱらい、イキオイをつけるんである。

ミナミ大衆酒場キング・正宗屋

らもさん、大村アトム、私の酒呑み三人が「〝せんべろ〟探偵が行く」を始めたのは、二〇〇一年の初夏であった。文藝春秋の「オール讀物」で連載が終了したのが二〇〇三年一月号。三月には単行本がでることになっていたのだが、らもさんが大麻所持で捕まり、発行は半年遅れの十月末となった、その時の帯コピーには、「世間をお騒がせしましたが、ほんとうは大麻よりお酒のほうが好きなんです」とある。

執行猶予中の出版であった。そうして、翌二〇〇四年七月二十六日、まだ執行猶予もあけていないというのに、らもさんは逝ってしまった。

らもさんの命日がやってくると、ミーさん（らも夫人・中島美代子さん）、長男で元マネージャーの晶穂くん、長女の早苗ちゃん（作家名は中島さなえ）を中心に、ゆかりの者たち――私のような編集者やライター、役者たちが集まってらもさんをサカナに一杯やることにしている。

何せ、エピソード（ネタですね）は山のようにある人だから酒のアテには困らない。今回は命日にはちと早いのだが、「せんべろ探偵が行く」がめでたく（？）文庫化ということでわらわらと酒呑みが集まることになった。

要は何かにかこつけて呑みたい連中である。

場所はらもさんもよく通った、大阪・ミナミは千日前《せんにちまえ》相合橋筋《あいあいばしすじ》にある正宗《まさむね》屋《や》である。「呑みたい」という、ごく素直な面々がけっこうな人数で集まってしまったので、通常の〝せんべろ呑み〟ではありえない座敷での宴会になってしまった。

正宗屋は、一階に二十人ほどが座れるカウンター、四人掛けのテーブルが五つ、奥に五、六人が座れるテーブル席があり、二階に二、三十人は宴会ができる座敷がある。一階は活気に満ちてニギヤカこの上ないのだが、二階座敷は静かで落ち着いた雰囲気である。（要予約）

メンバーは、晶穂くん、早苗ちゃん、〝せんべろ探偵〟御用達《ごようたし》画伯の（絵本作家として活躍中）長谷川義史くん、版元の編集者・MくんにNくん、「正宗屋でせんべろなら是非参加したい！」と駆けつけた毎日放送の日高英雄くんと夫人の美恵さん。日高くんはらもさんの小説をテレビドラマ化したこともあり、現在は映画の企画をやっている。美恵さんは元情報誌の編集者で、現在は「よせぴっ」という上方落語情報のフリーペーパーを発行している。あとはせんべろ探偵の大村アトムと私、探偵ではないが限りなく〝人生せんべろ〟の編集者・ガンジー石原の計十名である。

「お兄ちゃん、しばらく会わないうちにやせたんちゃうの？」

早苗ちゃんが「長谷川くんを見て」実の兄の晶穂くんとカン違いしている。聞けば、昨夜は脚色を務めた芝居「桃天紅」（作・中島らも、演出・山内圭哉）の大阪公演がハネた後、しこたま呑んだらしい。早苗ちゃんは作家のDNAも酒呑みのDNAも父親から受け継いでいる。頼もしい限りであるが、らもさんの娘さんと〝せんべろ〟することになろうとは、いやはやトシはとるもんである。

晶穂くんはといえば、店を間違えて遅れている。

「正宗屋」という同名の店はミナミにも天王寺にもある。かつては梅田にも天満《てんま》にもあった。名前が一緒なだけでそれぞれが独立した店である。「菊正宗」「キンシ正宗」など「――正宗」と名のついた酒を出していた店が店名を「正宗屋」にしたという説もあるが定かではない。こちらの相合橋筋・正宗屋の酒は白鶴である。ノレンに白ヌキで「白鶴直売所」とある。ご主人の中川恒郎さんにお話を聞くと「昔は『泉正宗』という酒入れてましたけど」とのこと。

恒郎さんは、以前は大阪・梅田（阪急東中央通商店街）にあった正宗屋で働いていた。一九八一年に独立して相合橋筋で開業（当時は現在の店の向かいにあった）。店は奥さんの政子さん、息子の猛さん、広一さん兄弟と一家で経営している。梅田にあった正宗屋の大将が恒郎さんの師匠で、梅田の店を閉めた後はJR天満駅そばで開業。天満の正宗屋はリリパット・アーミーがよく公演した扇町ミュージアムスクエアにほど近く、らもさんも何かにつけよく呑んでいた。一階には「客の大入りなり」と書かれた立派な額が飾ってあり、「天満正宗屋より　千日前正宗屋さん」とある。扇町ミュージアムスクエアも天満正宗屋も今はもうなくなってしまった。

石原　らもさんと最後に呑んだのが、ここの店でしたよね。らもさん、小堀さん、マネージャーの長岡（しのぶ）。同じ面子《メンツ》で前々日に天満の正宗屋で呑みましたね。

二〇〇四年の三月だった。私も石原もその時呑んだ酒がらもさんと最後の酒になった。天満で呑んだ時はらもさん、ギターを弾きながら気持ちよさそうに唄い、酒を呑んでいた。呑むのは決まって日本酒の冷やだった。

今日は人数も多いのであらかじめ頼んでおいた造り（刺身）の盛り合わせが豪華であ

る。梅田の店にいたこともある、通称、やまちゃんがつくる料理はどれも凝っていてウマイ。カズノコをマグロで巻き、その上から薄焼き卵で巻きこんだ一品「ふくさ」（単品五五〇円）は見ためもキレイである。鯛の子など魚卵にカンテンやゼラチンを混ぜこんで固め、上にカニミソをのせた「カステラ」（二つで三五〇円）なんてのもある。おでんは一品七〇円（じゃがいも）から、山芋を梅干しで和《あ》えた一品（二五〇円）も酒によく合う。聞けば、やまちゃんの本名は「山岡荘八」さんだという。刃物の捌《さば》きが達者なはずである。

数多くの品書きに並んで、

「正宗屋と聞いて女房も安心し」

「貸して不仲になるよりもいつもにこにこ笑う現金」

というタメになるお言葉もある。それもそのはず、ここは酒が安い。中でも瓶ビール（アサヒスーパードライ）が大三九〇円はうれしい（小は三〇〇円、日本酒は一合二六〇円、焼酎二〇〇円）。

ちなみに大阪はビールは大瓶《だいびん》、小瓶《しょうびん》と呼ぶ。間違っても大瓶《おおびん》、小瓶《こびん》とはいわない。テレビの「秘密のケンミンSHOW」で取り上げられた店が、ここ正宗屋であった。

ひっきりなしに客がやって来て、ひとり客も多い。営業時間は平日が昼十二時半から夜十二時半、日曜は何と！　朝八時から開けている。（水曜定休）

「競馬が開催しているから」が主な理由だそうだが、ミナミの盛り場という場所柄、早朝までの仕事を終えた人たちも多いとか。

らもさんの謎のアテ

アトムが一時間ほど遅れてやって来た。以前より少し細くなっている。長谷川くんの描くイラストに、

「（本人は）男前でやせてるはずなんですけど」とよく云っていたアトムだが、男前はともかく、やせたんである。一升酒に一升チャーハンの面影はもうない。

大村 今日はまたようさん居てはりますね。ぼく、ここの座敷初めて上がりましたわ。

小堀 たくさん居てたら、人の名前書くだけで行数稼げるやろ。

大村 そのフレーズ、懐かしいですね。小堀さん、よく、そのアテの残りで「もう二合呑める」とか「三行書ける」云うてはりましたや。

小堀 アトムの口ぐせは「こんなええ店が近所にあったら毎日来てしまいますわ」や。

大村 らもさんも斎藤酒場（東京・十条）の近所に引っ越したい云うてはりましたね。

晶穂 宝塚の家で呑んだ時はたいへんでしたね。酒のアテに「なめたけの瓶詰」がない！ 云うて怒り出すし。

長谷川　あの時はぼくも行ったんやけど、なんでらもさん、あんなに「なめたけ」で怒りはったんやろ。暑い日やったのに、ビールも呑んだらアカン云うし。

小堀　めったに怒らないらもさんが「なめたけ」でね。

晶穂　あの時だけはなんであんなに人間小さかったんでしょうね。

大村　トシとると晶穂くんもなめたけごときで怒るようになるかもしれんて。

晶穂　最近、「磯じまん」がないと「イラッ」となる時が……。

居ないことをいいことにらもさんの小ネタで盛り上がっていると、美恵さんが、「あの小皿にのってる緑色のは何ですか？」と聞いてきた。一見すると「抹茶アイスクリーム」に見えなくもないが、そんなものがあるはずもなく、正体はワサビの固まりである。

ワサビが苦手な美恵さんは引いている。この店では造りの盛り合わせを宴会用に頼むとワサビは単独で小皿にデン！　とのって出てくる（単品で頼むと醤油皿《しょうゆざら》に最初から入っている）。メートルが上がってきた私らは名物のだし巻き（二五〇円）やどてやき（串に入ったのが三本で二二〇円）、シューマイ焼き（三五〇円）などを更に追加し、ただの大宴会となってしまった。

日高　ぼく、昔、西成を自転車で走ってた時、当たり屋にあったことありますわ。おっちゃんがぶつかって来たから「大丈夫ですか!?」云うたら「千円くれ！」云われて。

石原　すごいですね。

若い頃、飛田《とびた》でヤクザの自転車を取ろうとして、どつきまわされた過去を持つガンジー石原が驚いている。

早苗　半年くらい前、お母さんがバイク乗ってた時、自衛隊の車にぶつけられて「やったぞ早苗、自衛隊にオカマ掘られた！」ってメール届いた。国の防衛費でバイクが新しくなるぞって。

晶穂　ぼくにはメールなかったけど、正月に帰ったら聞きました。

小堀　ミーさんらしいというか、何というか。晶穂くんは、らもさんのマネージャー何年やったんだっけ。

晶穂　一年ですけど、大麻で捕まるし、一年が五年くらいに感じましたね。

大村　ぼくは二年半です。せんべろの頃でしたか。忘年会やろういうて、らもさん、また店にギター持って来て。気持ちよく唄ってはったと思ったら、晶穂くんに催涙スプレー渡して。

小堀　らもさんが自由な言論つらぬこうとして、連載が中止になったりした頃やな。もの書きとして、言論、表現の自由を守り、正々堂々と生きていくからには、いつ右翼に襲われるかもしれんから〝武装〟しようと。家族にも危険が及ぶだろうからと晶穂くんと早苗ちゃんにも武器渡してたよな。

石原　ナイフやらスタンガンやら用意してね。

大村　それで店ん中で晶穂くんに「使い方教える」云うて、みんなの前で催涙スプレー使ったんですわ。狭い店ん中でね。そしたらもの凄《すご》くて、みんな涙は出るわ、咳《せき》は出るわで。

小堀　寒いのに窓開けて、他のお客さんもたいへんやったけど、らもさんだけ何ともない。

石原　やっぱり薬物には強かったんや、らもさんは――。

正宗屋のアテはおいしいし、二階の座敷ということで誰に気がねすることもなく、皆、酒がどんどん進む。気がつけば、版元である集英社のMくんもNくんもただの酔っぱらいと化している。

店の雰囲気が気持ちよく、アテがよくて、気のおけない仲間と呑む酒は最高である。話が弾めば、また酒が進む。酒を呑んではあることないこと思い出し、忘れえぬ人の話で盛り上がる。そう、らもさんの話は私らにとって、いつまでたっても絶妙のアテである。

今宵は皆、いい調子で呑みすぎて、〝せんべろ〟ならぬ全員べろべろの〝ぜんべろ〟になってしまった。合掌。

その一MAP（大阪・新世界）
『やまと屋一号店』／『丸徳』

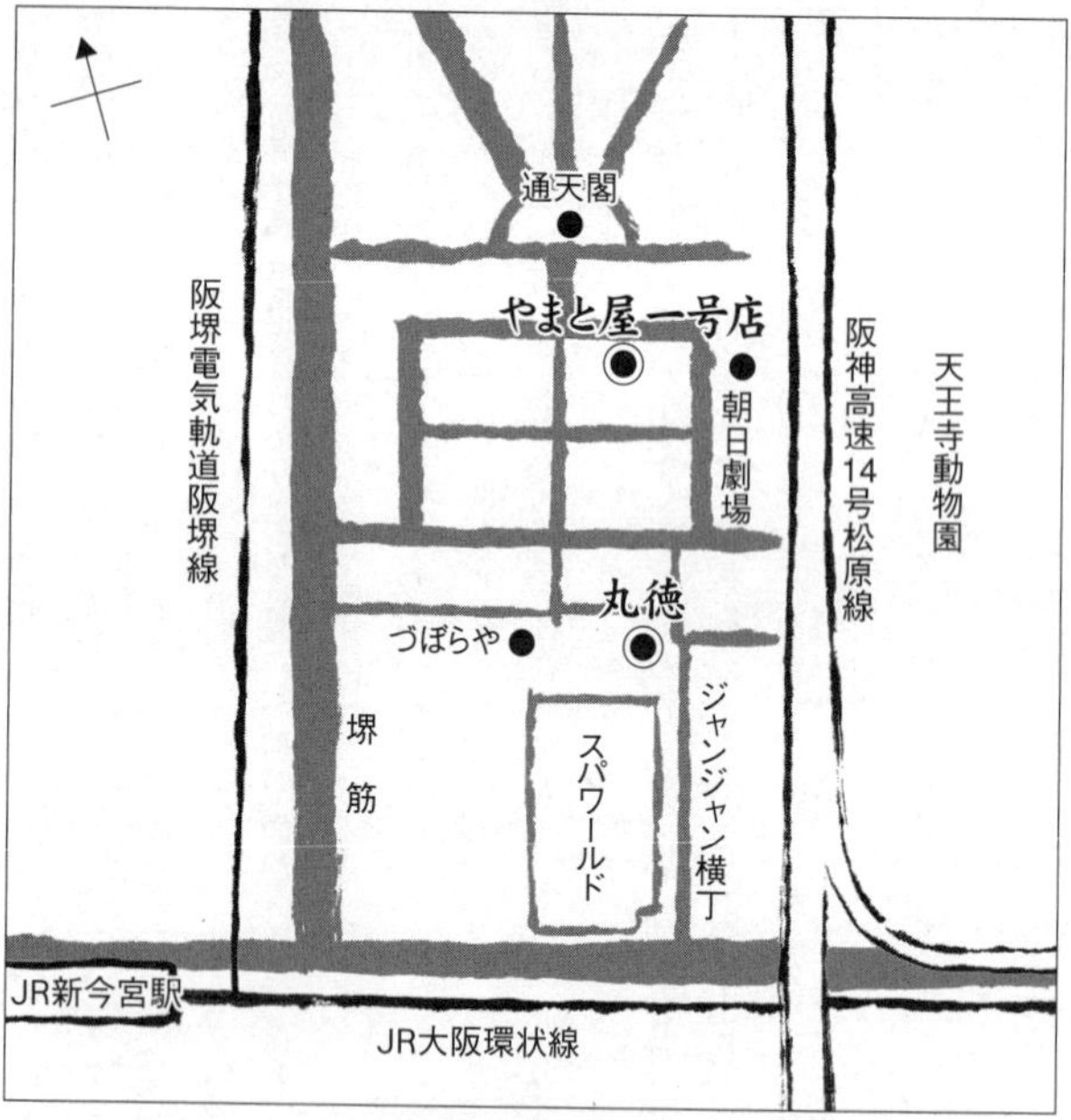

やまと屋一号店：大阪市浪速区恵美須東2-3-19　Tel 06-6644-4636
営業／平日11:00〜22:00　日曜祝日9:00〜22:00　休日／無休

丸徳：大阪市浪速区恵美須東3-4-2　Tel 06-6631-3390
営業／9:00〜20:00　休日／水曜

その二MAP（横浜・黄金町）『がま親分』

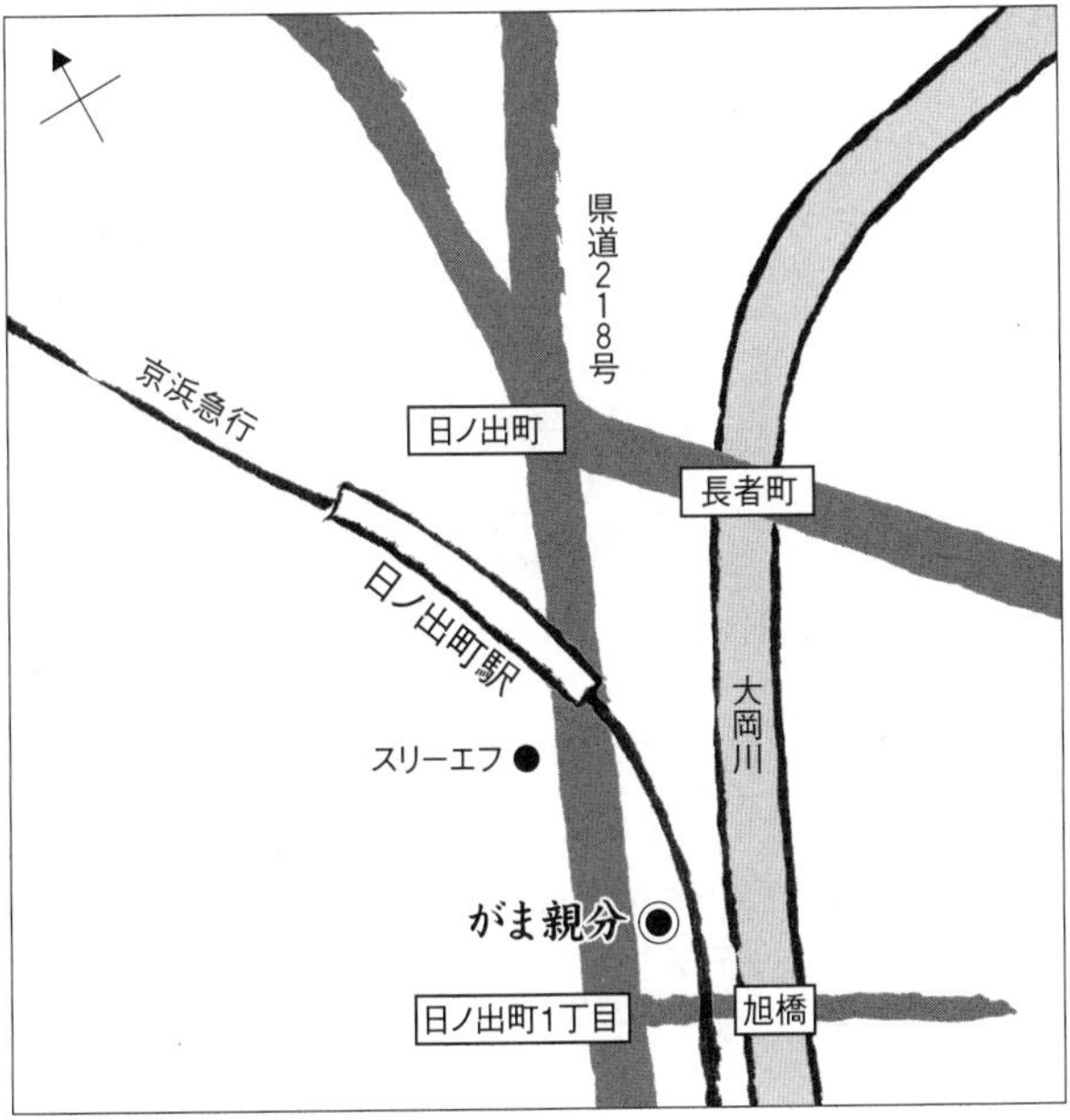

横浜市中区日ノ出町1-102　Tel 045-251-9102
営業／平日17:00～翌朝5:00 土曜16:00～翌朝5:00 日曜15:00～深夜1:00
休日／無休

その三MAP（大阪・京橋）『岡室酒店直売所』

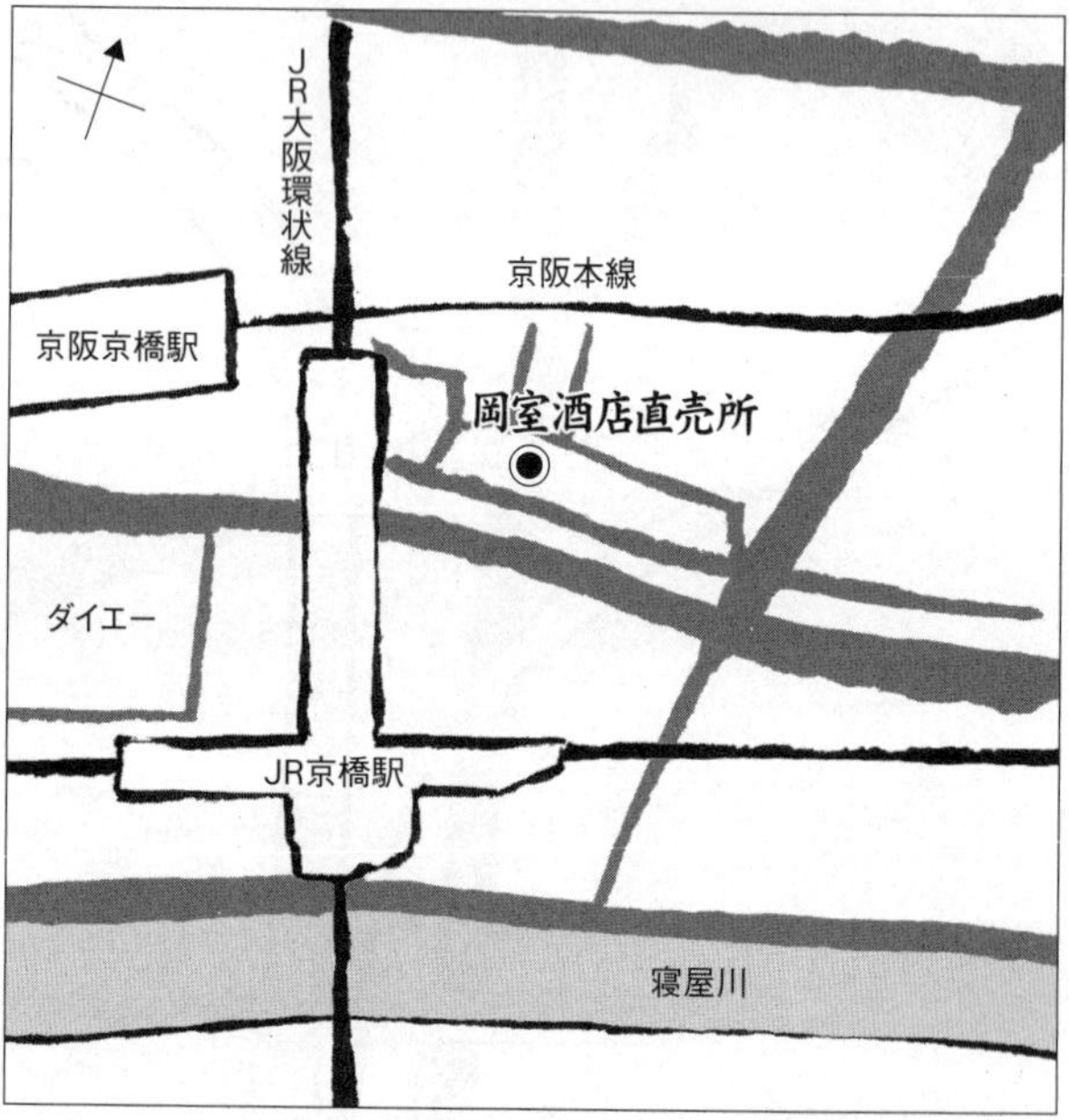

大阪市都島区東野田町3-2-13　Tel 06-6358-6598
営業／9:00〜23:00　休日／水曜

その五MAP（神戸・新開地）『赤ひげ（姉妹店）』

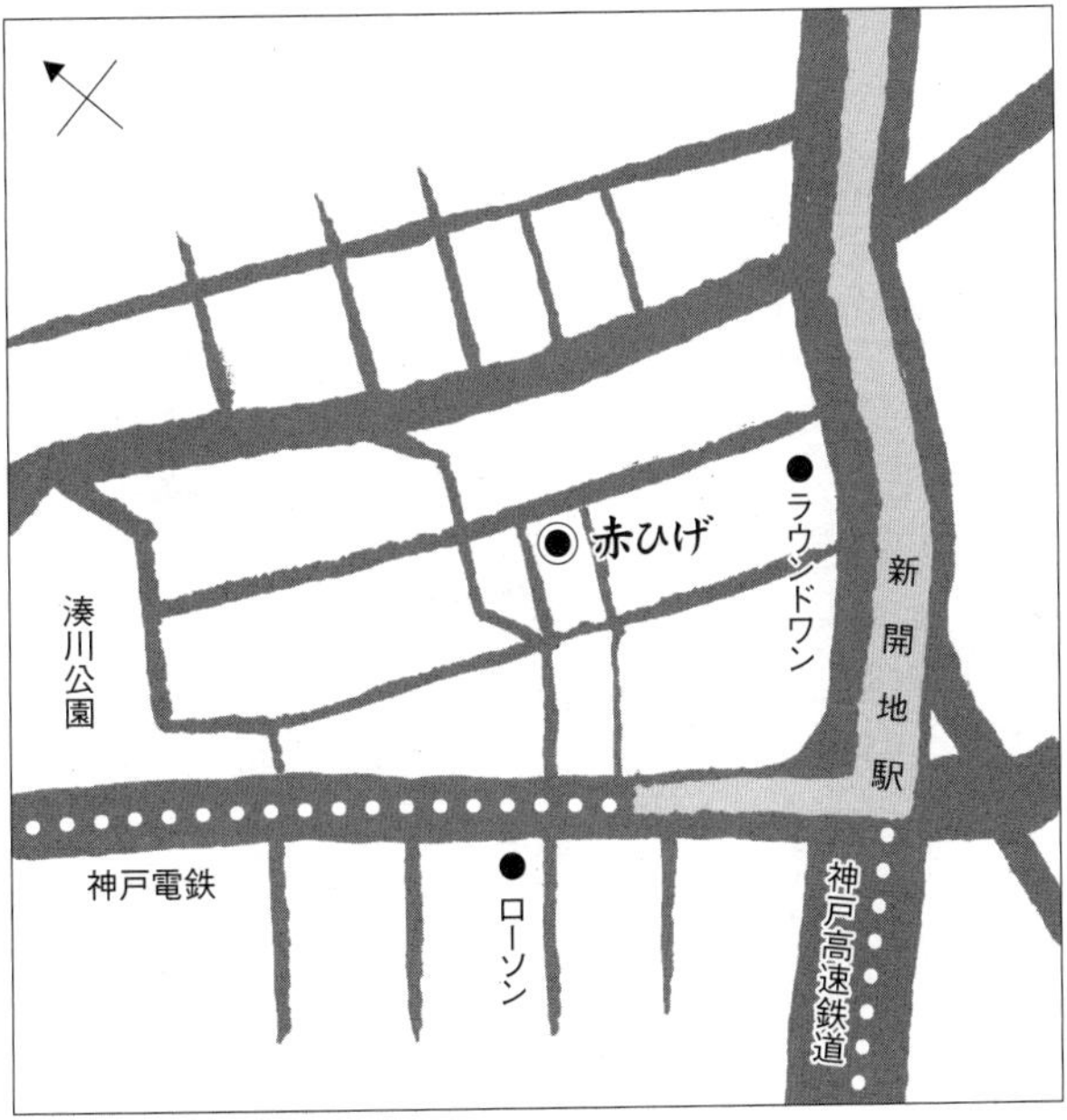

神戸市兵庫区新開地2-7-17　Tel 078-575-3990
営業／11:00〜23:00　休日／水曜

その六MAP（東京・南千住 北千住）
『大はし』／『天七（本店）』

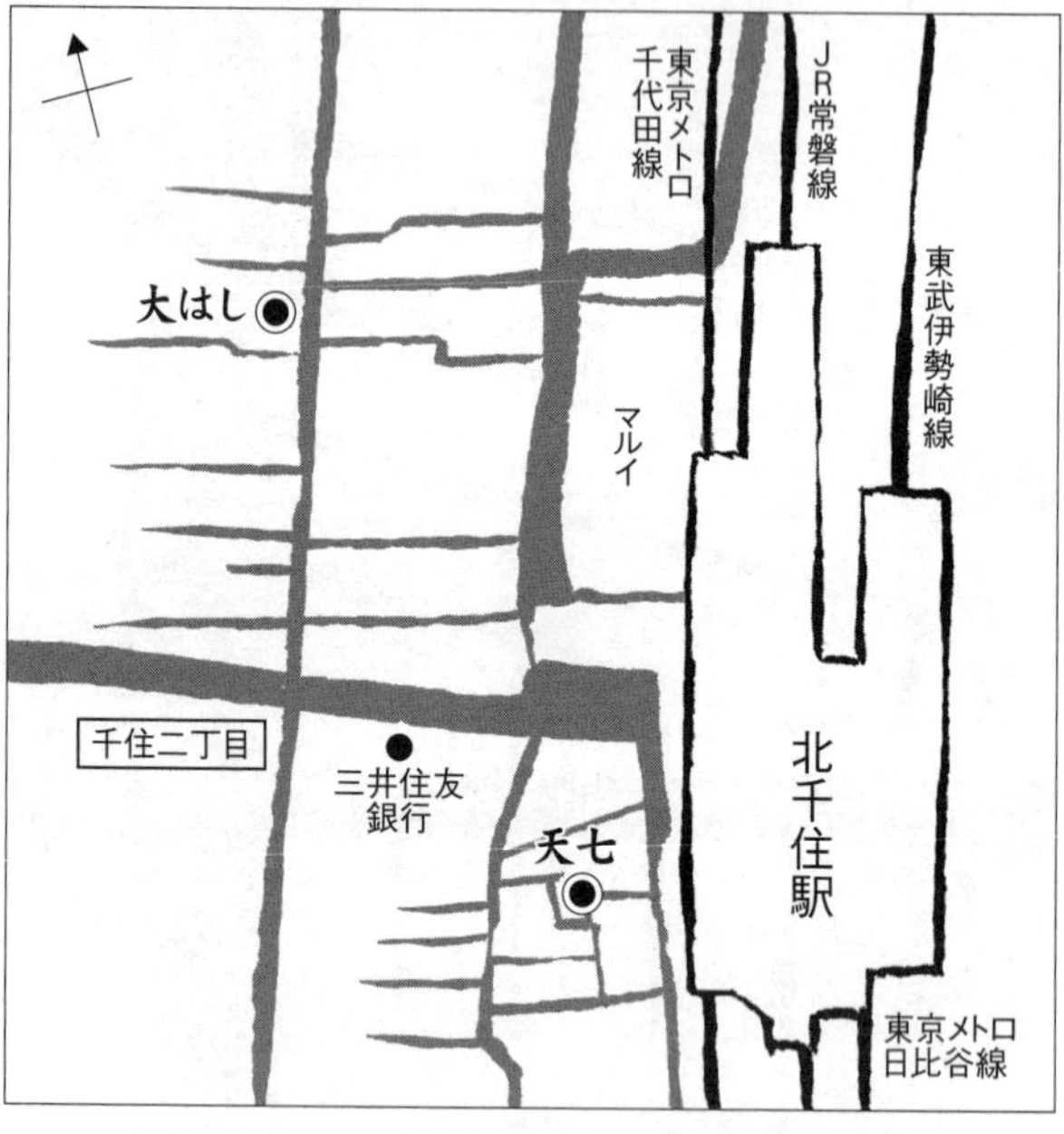

大はし：東京都足立区千住3-46　Tel 03-3881-6050
営業／16:30〜22:30　休日／土曜　日曜　祝日

天七（本店）：東京都足立区千住2-62　Tel 03-3882-2879
営業／16:00〜22:00（土曜は21:00）　休日／日曜　祝日

その七MAP（東京・茅場町）『ニューカヤバ』

東京都中央区日本橋茅場町2-17-11
営業／17:00〜21:00　休日／土曜　日曜　祝日

その七MAP（東京・赤羽）『立ち飲みいこい』

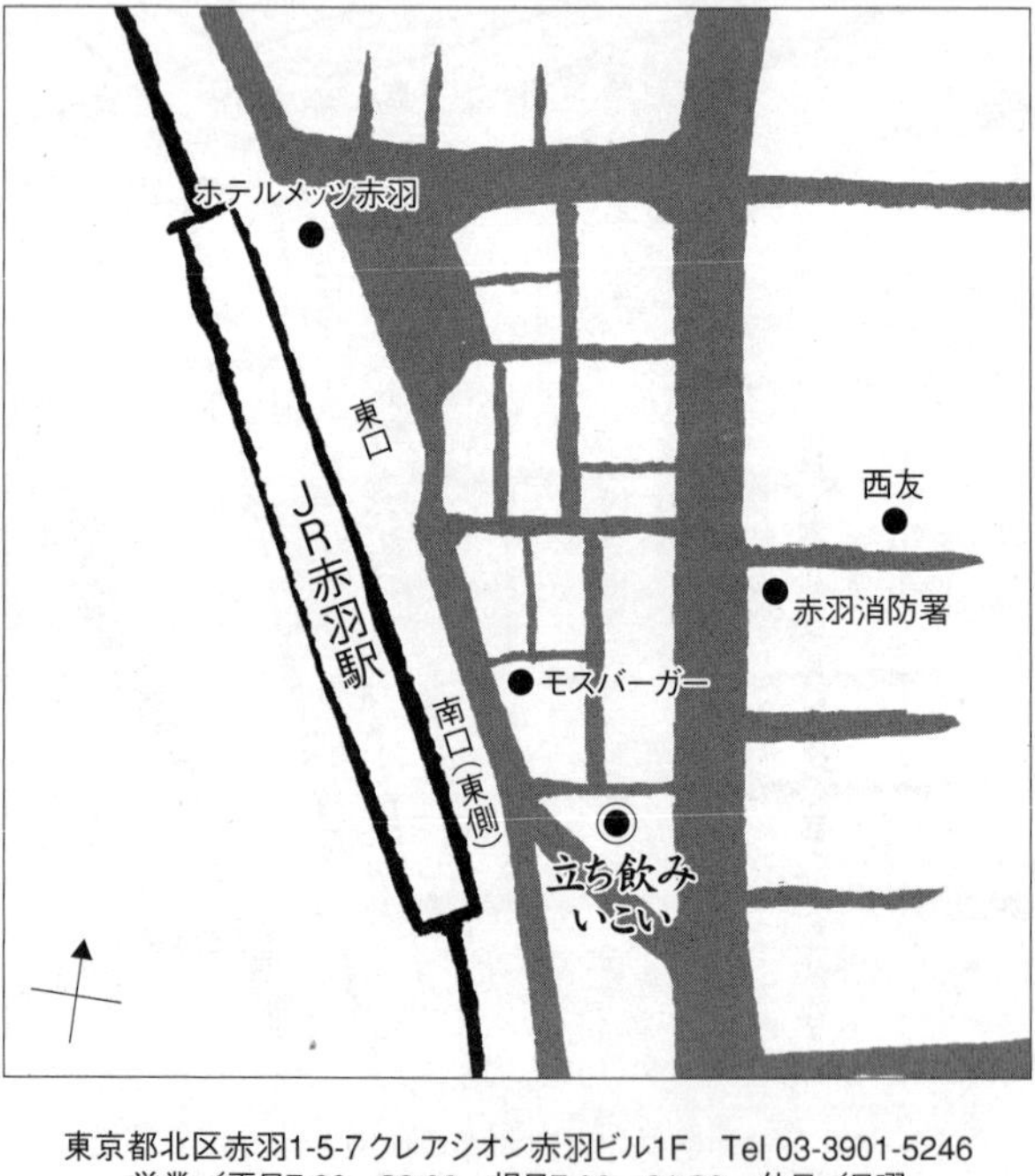

東京都北区赤羽1-5-7 クレアシオン赤羽ビル1F　Tel 03-3901-5246
営業／平日7:00〜22:00　祝日7:00〜21:30　休日／日曜

その八MAP（大阪・西天満）『松浦商店』

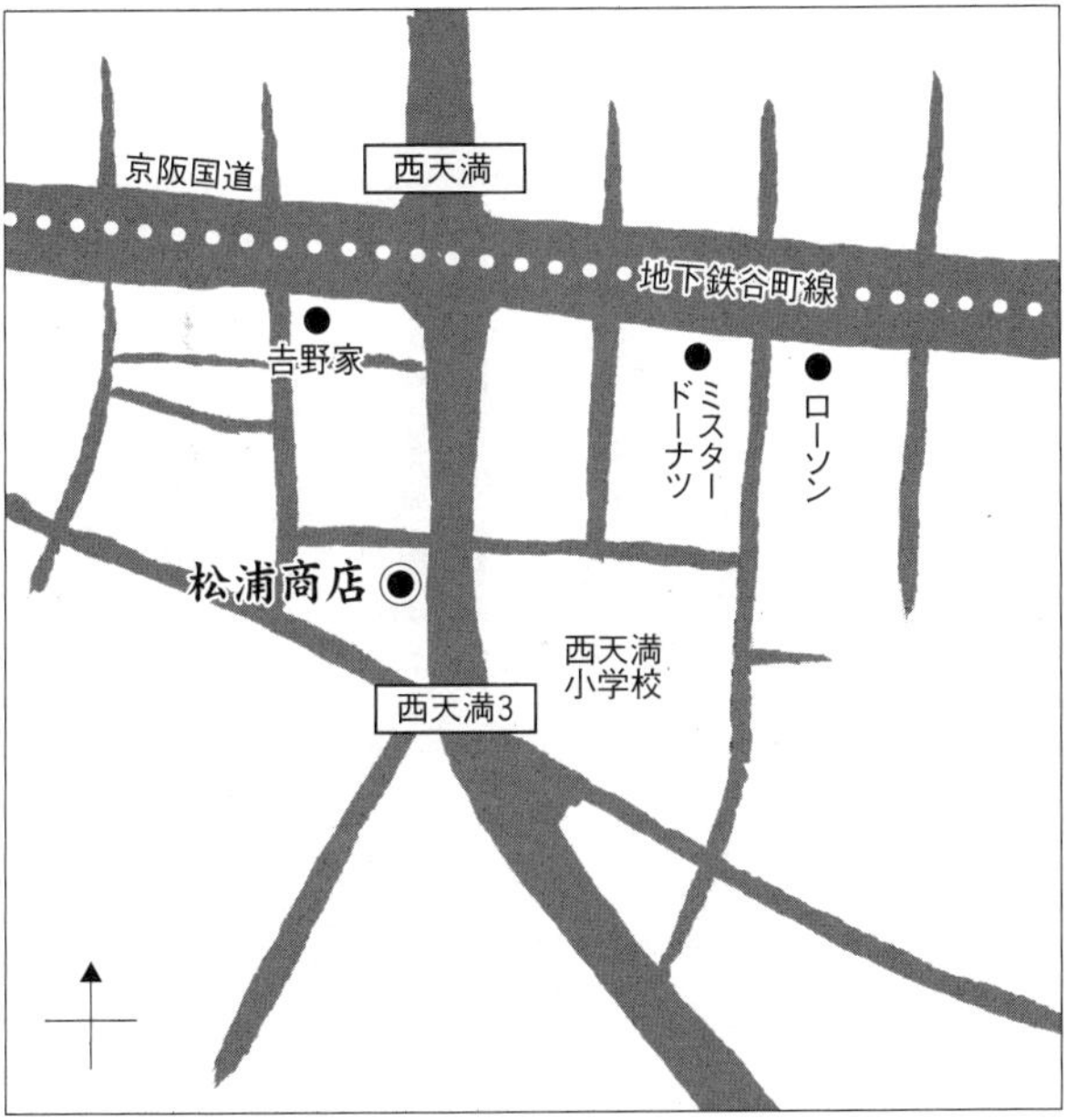

大阪市北区西天満4-2-15　Tel 06-6364-4402
営業／17:00〜23:00（土曜は21:00）　休日／日曜　祝日

その九MAP(博多)『角屋』

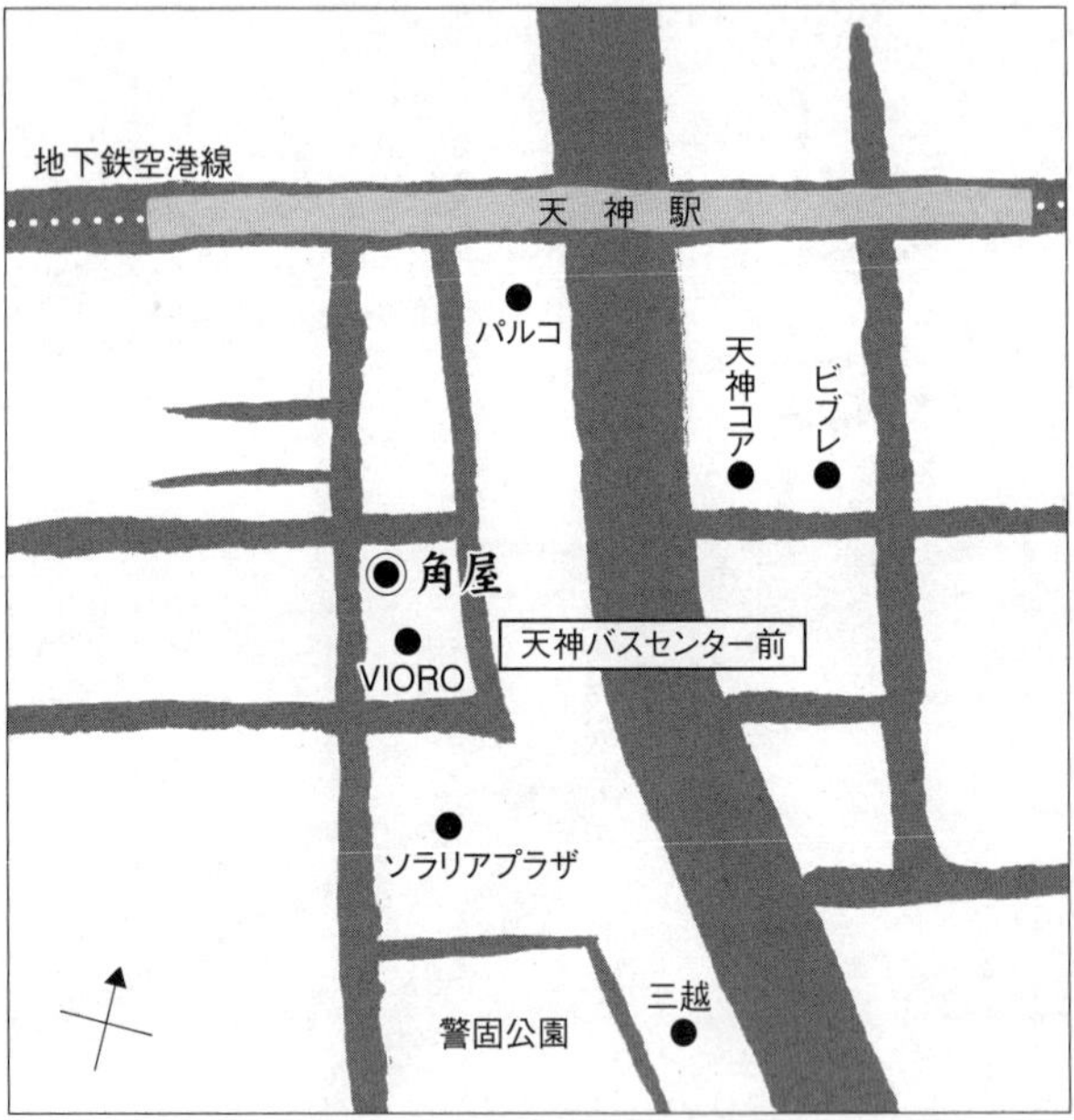

福岡市中央区天神2-10-12　Tel 092-732-7900
営業／平日11:00〜23:00　土曜日曜祝日11:00〜22:30　休日／無休

その十MAP（大阪・阿倍野）『明治屋』／『どん海』

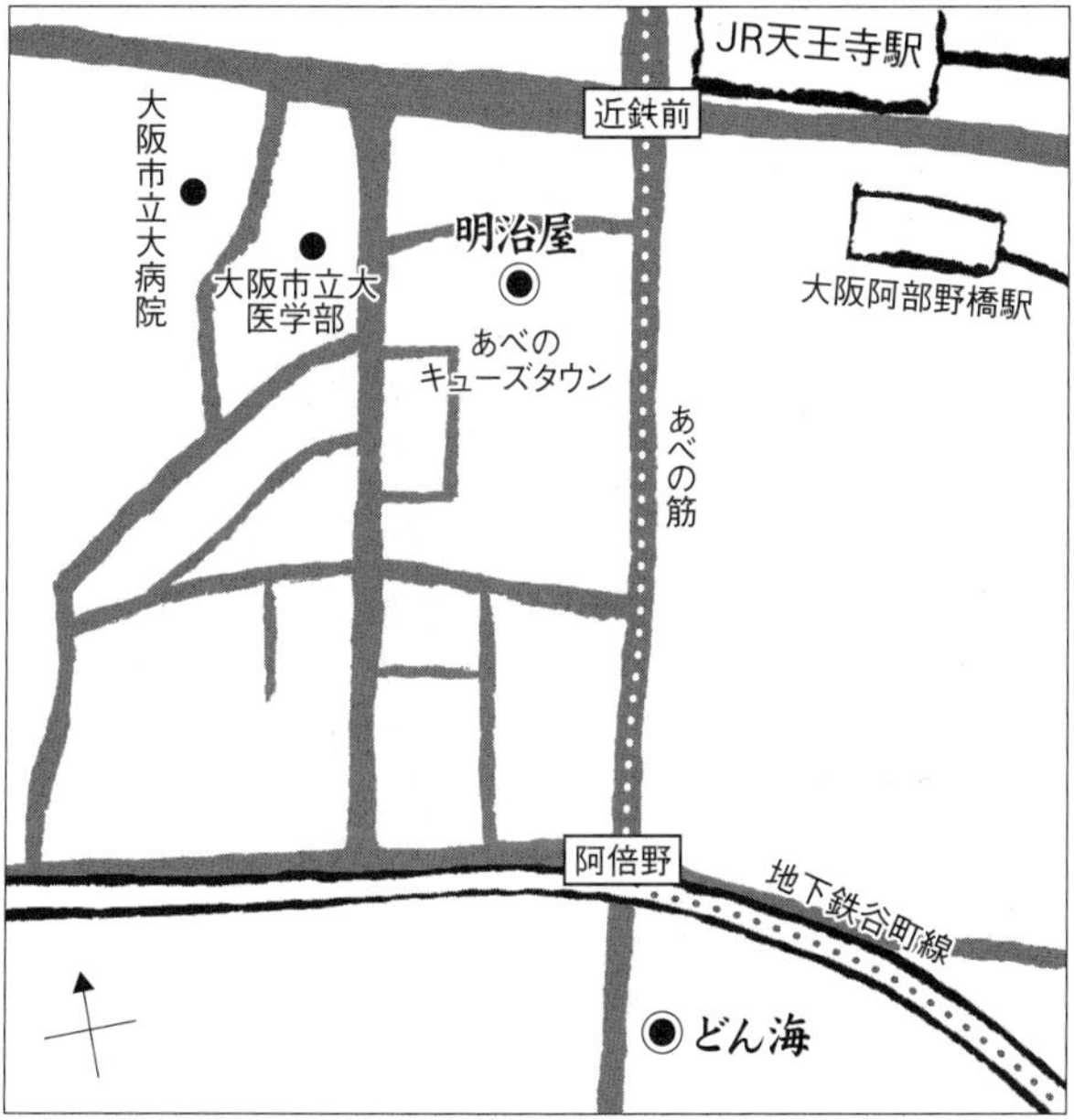

明治屋：大阪市阿倍野区阿倍野筋1-6-1ヴィアあべのウォーク1F
Tel 06-6641-5280
営業／13:00〜22:00　休日／日曜

どん海：大阪市阿倍野区阿倍野筋4-5-11　Tel 06-6623-5931
営業／17:00〜23:00　休日／不定休

その十三MAP（東京・十条）『斎藤酒場』

東京都北区上十条2-30-13　Tel 03-3906-6424
営業／16:30～23:30　休日／日曜　12月31日～1月3日

その十四MAP（神戸・三宮）『丸吉』

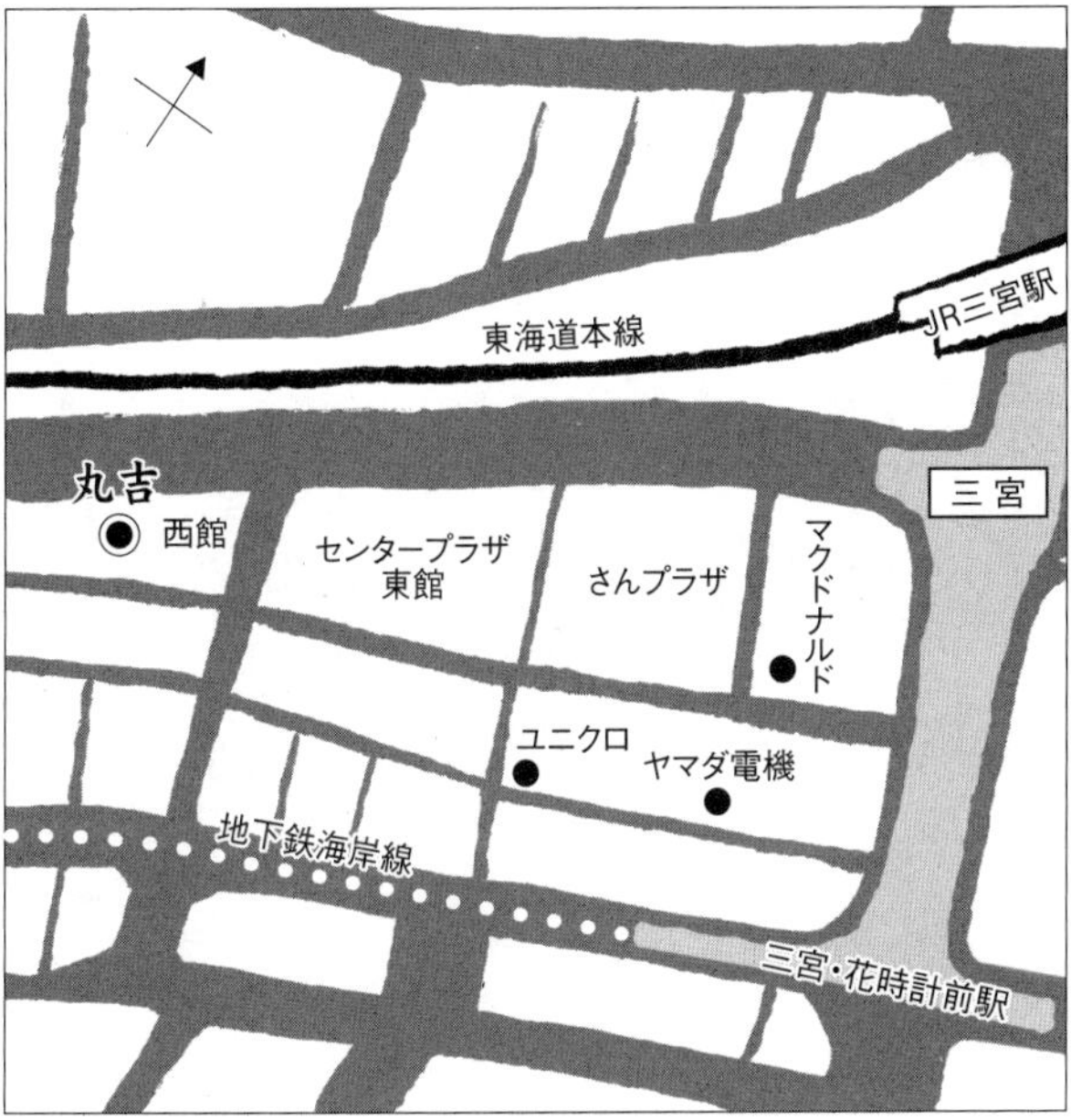

神戸市中央区三宮2-11-1センタープラザ西館B1三宮市場内
Tel 078-331-5371
営業／平日11:00〜14:00・17:00〜22:30
休日／日曜　祝日（土曜も休む場合あり）

その十六MAP（金沢・医王山）『かわべ』

金沢市湯谷原町ユ88　Tel 076-229-0383
金沢駅東口13系統医王山行き（約50分。湯谷原バス停より50メートル上る）
営業／11:00〜17:00　予約がのぞましい　休日／木曜

酔いどれ座談会MAP（大阪・千日前）
『正宗屋 相合橋筋商店街』

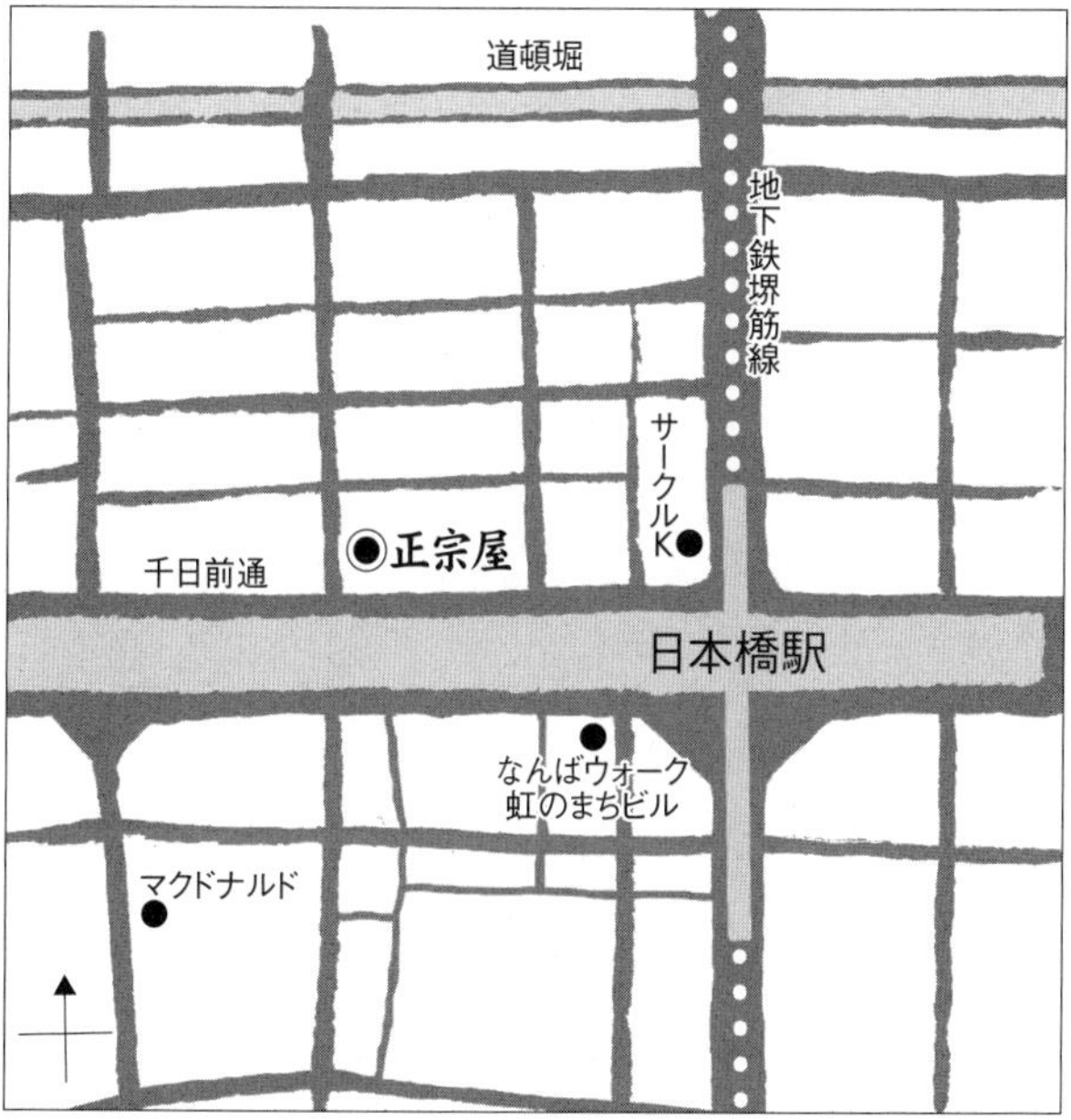

大阪市中央区千日前1-4-14　Tel 06-6211-0339
営業／平日12:30～24:30　土曜11:00～24:30　日曜8:00～24:30
休日／水曜

本文イラスト——長谷川義史
地図作成——諏訪部博之

本書は二〇〇三年十月、文藝春秋から刊行された単行本『〝せんべろ〟探偵が行く』に、書き下ろし「文庫化記念　酔いどれ座談会　〝せんべろ〟から〝ぜんべろ〟へ」を収録したものです。

本文中に出てくるメニューの値段や店舗の情報等は取材当時のものです。

集英社文庫

せんべろ探偵《たんてい》が行《い》く

2011年７月25日　第１刷
2024年12月15日　第２刷

定価はカバーに表示してあります。

著　者　中島《なかじま》らも
　　　　小堀《こぼり》　純《じゅん》

発行者　樋口尚也

発行所　株式会社　集英社
東京都千代田区一ツ橋2-5-10　〒101-8050
電話　【編集部】03-3230-6095
　　　【読者係】03-3230-6080
　　　【販売部】03-3230-6393（書店専用）

印　刷　TOPPANクロレ株式会社

製　本　TOPPANクロレ株式会社

フォーマットデザイン　アリヤマデザインストア　　マークデザイン　居山浩二

ISBN978-4-08-746720-8 C0195